# 私学流

## 多様性を
## インクルージョンする

### ～「個別最適な学び」に
### つながる取り組み～

編著 髙橋あつ子・一ノ瀬秀司

著 鈴木水季・小玉有子
会田羽衣・竹山幸男

# はじめに

　学校をめぐる情勢はめまぐるしく変わっています。社会の価値観が変わるだけでなく、感染症との闘いや気候変動、経済の乱高下に加え、平和が脅かされる今日、次代を担う子どもたちを育てる学校教育の課題は大きく、複雑化しています。

　このますます社会への貢献が待たれる学校教育の質は、何によって測られるのでしょう。学力をつけ、進学実績を上げることでしょうか。不登校や中退がないことでしょうか。穏やかな学校生活の中で自分探しをし、人間的な成長をとげたかは、外からわかるものではないですし、測定できるものでもないでしょう。グローバルな視点に立てば立つほど、経験したことのない局面でも、考え、協力しながら、新たな解決を見いだす力をつけてこそ、何が起こるかわからない未来に送り出していく教育の責任ではないかと思います。そう考えると、多様性への開眼とともに、価値観の異なる他者をも尊重する態度などは、これからますます重要になってくると思えます。

　2018年に前著『私学流　特別支援教育』（学事出版）を上梓した当時は、入試選抜をしていることを理由に「発達障害はいない」と思っている私学関係者は多かったように思います。しかし、「共生社会の形成に向けた インクルーシブ教育システム構築のための 特別支援教育の推進」（文部科学省、2012年）にも明らかなように、その多くは通常の学級に在籍していることがようやく認識されるようになり、「障害者差別解消法」で謳う合理的配慮の提供を求める保護者や当事者を前に、遅まきながらの対応に動き出した学校も増えたと思います。

　発達障害への理解と対応は、多様な他者との共生の第一歩です。相手の目を見て話すのが苦手な人もいるし、書くより話すほうが得意な人が

いること、休み時間の喧噪で頭が痛くなるほどの過敏な聴覚の持ち主がいることも、多様性を理解し、どうお互いが心地よい環境を創れるかの問いのはじまりです。

　まして教育において「個別最適な学び」が叫ばれる今日、個人ごとに分け他者を顧みない個人主義ではなく、個々の個性に根ざした最良の学び方が保障される意味で、個人が大事にされるフェーズを迎えているのです。

　私は、この本で私学では遅れている特別支援教育について、巻き返してほしいと思っているわけではありません。特別支援教育の視点に立つことで、多様性対応も個別最適化も加速化し、学校教育のアップデートが可能になると考えています。その思いから、書名を『私学流　多様性をインクルージョンする　「個別最適な学び」につながる取り組み』としました。

　事実、本書に実践を寄せてくださった5校は、当初は気になる生徒個人への支援から取り組みをはじめていますが、能力差だけではない学びの個性や対人関係における独特の育ち方に対応する力量や支援体制を高次化することに成功しています。個に応じるとほかの個性も見えてきます。それによって学級集団内の多様性に授業でも生徒指導でも対応できるようになるのです。個別最適化を実現する道のりは明らかです。

　そして、5校が首都圏だけでなく、関西、東北という地域差をも超えて、同様の変革を遂げていること、少子化の中、地方私学の役割を果たすことにも寄与している点は、前著以上に実践が広域に多様になっていることの証でもあるといえます。

　私学の強みと課題を押さえながら、5校の取り組みの共通性と固有性から、それぞれの学校に取り入れる原石を見つけていただければ幸いです。

2022年11月　髙橋あつ子

# 私学流 多様性をインクルージョンする
## ～「個別最適な学び」につながる取り組み～

## 目　次

# 私学における特別支援教育をめぐる
# 現状と課題

# 1 新しい学力観と新型コロナによる衝撃

　2018年に『私学流　特別支援教育』（髙橋あつ子編著、学事出版）を上梓してから4年が経ちました。この前後で、教育を巡る情勢は大きく変化しました。学習指導要領の改訂に向けて始まっていたアクティブ・ラーニングの取り組みは、その後、「主体的・対話的で深い学び」へと流れ、私学だけでなく、多くの学校の授業改善や探究学習の取り組みを促進したといえますが、皆さんの関係する学校ではどうでしょうか。

　つまり、教師主導の講義、テスト至上主義の評価から、学習者が参画し、能動的に考える教室を目指す流れと、パフォーマンス課題などを取り入れ、多角的な評価を行う必要性に目が開かれていく歩みが始まりました。

　そして、教育内容をこなすのではなく、学習を進めるにあたって育成すべき資質・能力を明確にする必要性や、知識を記憶したかどうかの学力ではなく、問いを立て探究する思考の深さを目指す学習に軸足を移していく流れが始まっています。

　新学習指導要領も2020年度に小学校、2021年度に中学校、そして、2022年度に高等学校で実施となりましたが、共通して「育成すべき資質・能力」として「知識・技能」「思考力・判断力・表現力等」「学びに向かう力・人間性等」の3つの柱を示しています。何を学ぶかよりもどのように学ぶかに焦点が当たり、これまで以上に主体的・対話的で深い学びが強調されます。そして小・中学校ではプログラミング教育や道徳の教科化、高等学校では総合的な探究の時間、必修科目「公共」における主権者教育が始まり、古典探究や日本史探究など新たな科目も生まれ、どの校種でもカリキュラムマネジメントが求められることとなります。

　また、学習方法の面では、これまでもICTの導入や活用は私学が先

んじていましたが、GIGA スクール構想が加速し、そこに「令和の日本型学校教育」(中央教育審議会、2021)[*1]が通知されました。ここでは、従来の日本型学校教育では、同質性を求めてきたことによって同調圧力が高まっていたことを指摘し、個に応じた指導を、指導の個別化と学習の個性化という説明でかみ砕き、それを実現するために協働化と ICT 化を推奨しています。

　この間、世界は新型コロナウイルス感染症と戦う中で、学校教育の在り方も問い直されました。学校の役割とは何か、多くの教師も保護者も子どもも見つめ直す機会となったわけです。学校という場で、決められた時間割で、教師が指示した活動を行い、結果を出すという疑いの余地もなかった過去が、本当に望ましい戻るべきニューノーマルなのかという問いです。

　わざわざ学校に行く意味はあるのか、命を守るためにオンラインで学べるなら行かなくてもいいのではないかという視点。家庭学習の教材や、オンデマンドで学べるコンテンツがアップされ、自由な時間に学べる環境になっても、「時間割がないと怠惰な自分に負けてしまう」「オンライン朝学活をやってほしい」という声もありました。

　一方で、個々の子どもが何のために学ぶかを考え、自分のために(時間や順番、個人で学ぶか協働で学ぶかも考え)自律的に学べる場になったことを歓迎している声もありました(鈴木、2020)[*2]。まさに「学びに向かう力、人間性等」や自己調整する力を育ててきたか、あるいは育てようとしているかが、休校や分散登校によって、期せずして見えてしまったともいえるのです。

　鈴木は、このチャンスを「face to face の教育から　学びの side by side へ」転換できることを示唆しています。たまたま、新型コロナウイルス感染症から子どもを守るための一斉休校が、教育の本質に目を向

---

＊1　中央教育審議会「「令和の日本型学校教育」の構築を目指して〜全ての子供たちの可能性を引き出す、個別最適な学びと、協働的な学びの実現〜(答申)」令和 3 年 1 月 26 日
＊2　鈴木秀樹「学びを止めない Teams 活用 1 (総論)」(https://www.youtube.com/watch?v=2B2RADOLOOM)、2020 年 5 月 23 日配信

けさせたともいえるわけですが、実はこの危機対応以前から、タイミングや学習方法、環境を自己調整して学ぶ自由度の高い学びに注目をした学校づくりは生まれ拡大していました。それをイエナプランやシュタイナー、デューイなどの教育理念を具現化した学校に見いだすことができます。

　これらは、公立学校ではなかなか打破できないある種の制約をブレークスルーした学校として（私立学校として）産声を上げ、発展しているのです。独自の教育が可能な私立学校こそ、時代の変化を見据えて、質の高い教育を提供できるはずだという期待が膨らみます。

## 先駆的実践が可能な私立学校―ICT活用の先取り

　新型コロナウイルス感染症への対策として、一斉休校となった2020年3月時点で、公立学校ではICT環境整備は着手段階だったのに比べ、私立学校の中には、入学と同時に1人1台のタブレット端末の学習活用を推し進めていた学校もあり、そうした学校では公立学校よりも早めにオンライン授業配信を開始できたという経緯がありました。

　一方、公立学校では、紙媒体、電話、テレビ放送番組、オンラインの選択肢があっても、端末やネット回線のない家庭がある以上、誰もが同じように取り組める方法にせざるを得ず、紙媒体の教材を配付し、提出を課すのが精一杯だった学校も多く、提出物に対するフィードバックも十分とはいえない状況でした。

　同時双方向型のオンラインシステムを使ったのは、公立中学校では全体の10％に留まっています（文部科学省、2020）[3]。それに比べて、私立学校では、200校の調査（首都圏模試センター、2020）[4]により、一斉休校が宣言された3月下旬までには15校、4月下旬までに50％以上、5月半ばまでには回答校の約90％がオンラインで学校を再開していたとのことです。

---

[3]　文部科学省「新型コロナウイルス感染症の影響を踏まえた公立学校における学習指導等に関する状況について」(https://www.mext.go.jp/content/20200717-mxt_kouhou01-000004520_1.pdf)、2020年7月17日

[4]　首都圏模試センター「3月〜6月の「私立中のオンライン活用（授業やHRなどの学校活動）状況」についてのアンケート調査結果を公開！」(https://www.syutoken-mosi.co.jp/blog/entry/entry002534.php)、2022年7月4日配信

　もともと学習効果をうたってのICT活用、１人１台タブレット端末の活用を先取りしていた私立学校が大きく１人勝ちしたような状況でした。

　感染不安や孤立が高まる中、顔を見て声をかけ、対話ができるオンライン活用の双方向型学習システムは、どれだけ救いになったことでしょう。教科指導だけでなく、オンラインホームルームやオンラインでのプロジェクトなど、子ども同士の相互作用も活発にできる取り組みも報告され、その可能性の大きさに私立学校の教師は勇気づけられたものでした（156頁、「３　私学部会の取り組み」を参照のこと）。

　このように、学校差はあるものの学習環境改善を先取りして、授業料に見合った教育を提供しようとする動きは、公立学校以上にあったのではないでしょうか。これは、私立学校のよさでもあるでしょう。

## 私立学校と公立学校の教員研修の違い

　また、施設・設備の充実や授業の充実、手厚さや面倒見のよさは、図１にあるように私立学校のもつイメージの上位を占めています（東京都私学財団、2020）[5]。

　しかし、その一方で、学校生活の自由度や個々に合わせた教育のイメージは、公立学校に比べて低い結果となっています。また、教育環境に大きな比重を占める教員の資質については、どうでしょうか。もともと校内では最低限の法令研修はあるようですが、その他は私学教育研究所や民間企業の提供する研修に限られています。

　私学教育研究グループによる33校のデータ（2017）[6]ですが、校内研修は極めて少なく、校内の研修を司る部署はない学校が多いようです。公立学校では、現職教育という役割があったり、校内研究に関連した研修会を研究主任が企画したり、教務主任主導で学習指導要領改訂時や評価方法、カリキュラムマネジメントなど、教育のアップデートを目指す研

---

＊5　公益財団法人東京都私学財団「都民の私学に対する意識調査結果報告書」（https://www.shigaku-tokyo.or.jp/pdf/school/r2_chosa.pdf）令和２年度
＊6　私学教育研究グループ「私学における教員研修について」『昭和女子大学現代教育研究所紀要』第3号（https://core.ac.uk/download/pdf/268269179.pdf）2017年、145〜149頁

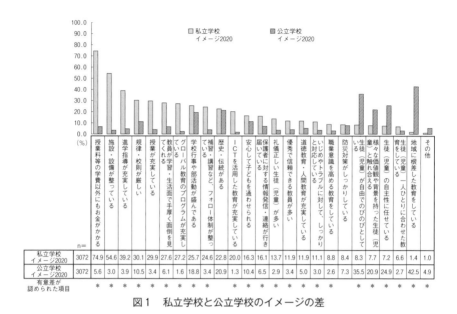

| | n= | 授料金かかる費等の学費以外にもお | 施設・設備が整っている | 進学指導が充実している | 規律・校則が厳しい | 授業が充実している | 倒を見く面・生活面で手厚る教員が学習 | プログラムが充実しているグローバル教育の | が盛んである学校行事や部活動 | 体制が整っている補習・講習など、フォロー | 歴史・伝統がある | 教育が充実しているICTを活用した | せられる安心して子どもを通わ | 連絡が行き届く保護者に対する情報発信・ | 礼儀正しい生徒（児童）が多い | 教員が多い優秀で信頼できる | 人間教育をしている道徳教育・ | に対応しているいじめやトラブルにしっかり | をしている職業意識を高める教育 | ている防災対策がしっかりし | しっかりしている生徒（児童）の自主性が | 童）と触れ合える様々な価値観や背景を持った生徒（児 | 育をしている生徒（児童）が自由でのびのびとした教 | に合わせた教育生徒一人ひとり | 教育をしている地域に根差した | その他 |
|---|---|---|---|---|---|---|---|---|---|---|---|---|---|---|---|---|---|---|---|---|---|---|---|---|---|---|
| 私立学校イメージ2020 | 3072 | 74.9 | 54.6 | 39.2 | 30.1 | 29.9 | 27.6 | 27.2 | 25.7 | 24.6 | 22.8 | 20.0 | 16.3 | 16.1 | 13.7 | 11.9 | 11.9 | 11.1 | 8.8 | 8.4 | 8.3 | 7.7 | 7.2 | 6.6 | 1.4 | 1.0 |
| 公立学校イメージ2020 | 3072 | 5.6 | 3.0 | 3.9 | 10.5 | 3.4 | 6.1 | 1.6 | 18.8 | 3.4 | 20.9 | 1.3 | 10.4 | 6.5 | 2.9 | 3.4 | 5.0 | 3.0 | 2.6 | 7.3 | 35.5 | 20.9 | 24.9 | 2.7 | 42.5 | 4.9 |
| 有意差が認められた項目 | | ＊ | ＊ | ＊ | ＊ | ＊ | ＊ | ＊ | | ＊ | | ＊ | ＊ | ＊ | ＊ | ＊ | ＊ | ＊ | ＊ | | ＊ | ＊ | ＊ | ＊ | ＊ | ＊ |

図1　私立学校と公立学校のイメージの差

修会が組まれるのが通常です。また夏休み等に行われる教育課程研修会などについては、参加者が校内で伝達研修をすることを課して、参加の有無にかかわらずスタンダードを形成していく動きが一般的なことを考えると、私立学校はいささか心許ない限りです。

　これまでの教員免許更新講習や一般の教員研修などでも、「観点別評価」や「ルーブリック」など、新たな課題や知見を紹介する際、初めて聞いたかのように首をかしげる教師は私立学校のほうが多いように感じています。評価を学期末評定のことだと捉えていたり、定期試験だけで成績をつけると思い込んでいた方に出会うと、それで認められてきた学校の日常に思いをはせたりします。研修の機会や学校間の情報共有も限られていると今日的な教育にアップデートするのも容易ではないでしょう。だからこそ、新たな課題である特別支援教育や個別最適な学びなどをチャンスに、校内研修の必要性や有用性に目を向けていく学校が増え

ることを祈っています。

## ② アップデートするべき教育課題

　「令和の日本型学校教育」（前掲）では、上述したように学級で一斉に同じことを求めてきた過去を振り返り、「一人一人の特性や学習進度等に応じ、指導方法・教材等の柔軟な提供・設定を行うとともに、自らの学習を調整しながら粘り強く取り組む態度を育成」することを指導の個別化として求めています。さらに「自ら学習を調整するなどしながら、その子供ならではの課題の設定、子供自身による情報の収集、整理・分析、まとめ・表現を行う等、主体的に学習を最適化することを教師が促す」（下線は筆者）ことを学習の個性化と説明しています。そして、これらを実現するために、ICT活用と他者と協働的に学ぶことを推奨しているのです。

　したがって、教育をアップデートするためには、教師が学習内容を教え、ノートをとらせて、定期試験に備えるという知識伝達型の授業では、「知識・技能」を養うだけで、3つの育成すべき資質能力を育てることにはならず、十分ではありません。これから求められるのは、子どもが自ら問いを立て、インターネットや資料にあたる等、解決方法も選び、他者と対話しながら深めていく学習によるところが大きいのです。

　教師が題材を決めて、「〜させる」授業から、学習者が現実味のある問いや自分の人生に活かせるゴールを決め、そこに向かって方法を選び、学びのプロセスを記録し、省察する材料にする。ポートフォリオを活用したり、ルーブリックによる自己評価や教師の形成的評価を活かしたりして、自己評価力を上げていく。それによって、学び方を再調整したり、

協同学習によって自分にはない他者の学び方を学んだり、違う気づきを交流しながら、単元ゴールに近づいていく。そして目標を達成したかどうかで、次なる自己目標を立てていく学習を繰り返していくことが、「学びに向かう力、人間性等」を育てることであり、それは進学・就職して次なるステージに上がっても活用できる力となる。こう考えると、日々の発問の工夫や板書の工夫、教えるツールとしてのICT活用の域を超える大変革ともいえるのです。

## 多様性対応も時代の趨勢

　公立学校、少なくとも義務教育段階の学校には、入試選考などもなく、さまざまな子どもが通ってきます。地域差はあるでしょうが、多様性のるつぼです。学力も違えば、家庭の経済状況や価値観も違います。ときに、戸籍上の姓を隠して転入してくる子もいますし、肌や髪、瞳の色もさまざま。国籍も一様ではないですし、日本語を母語としない子どももいるでしょう。性自認や性指向も多様です。

　これらの多様性との出会いは、これまでの教育を見直し、次代を切り開く人を育てるために何が必要かを問い直すきっかけになります（髙橋、2022）[7]。たとえば、肌や髪の色がそろっていると思うほうが危険で、その同質性依存は、異なる人の排除につながりかねない側面があります。多様性を前提にしていれば、違う人がいるのが当たり前ですし、多文化共生を醸成する基盤にもなります。

　多様性に向き合うことを通して、私たちは、区別と差別の違いを意識し、不必要に分けることを反省し、教育や社会の在り方を見直してきました。男女別名簿を混合名簿に変え、男女別の科目履修を変え、制服を検討する学校も出てきました。男女別学の私学も共学に舵を切ったり、あらためて別学の意義を議論したり、別学のよさを強調する等、経験則の踏

---

＊7　髙橋あつ子「学校における多様性教育の取り組み」『総合教育技術7月号増刊　実践教育法規』小学館、2022年、124〜125頁

襲ではなく新たな視点で学校の在り方を見直すことにつなげています。

　少数派といわれる人たちが、マジョリティに合わせるのではなく、誰もが生きやすい社会をつくることの意味合いを実感し、多様性対応が当たり前の学校風土をつくっていくことがこれからは重要だと思います。

　ときに、多様性は、グローバル人材を育成するという文脈で使われます。世界は多様性にあふれていて、そこで活躍する人材、それは外国語を使いこなし、文化の違いを越えて連携できる力をもつ人といえます。

　しかし、それは外に多様な世界があって、闊歩できる知識と技能を身につければいいのでしょうか。異文化と直面する際に起きる葛藤解決の力も必要だと考えます。ときにはこれまで信じて疑わなかった価値も、相手の価値観と矛盾があれば、1回棚上げして冷静に考える、そのうえで、どう折り合ったらいいかを対話していく、場合によっては既有の価値観をかなぐり捨てなければいけないこともあるでしょう。

　このような営みは、すぐ近くにある多様性に気づき、内なる違和感や差別意識と向き合うことからスタートすると私は考えています。

　思えば、障害理解の領域も、LGBTQ の領域も、「自分には無関係だけれど理解はします」「少数派だけど対応を身につけます」ではすまないのです。絵本『はせがわくんきらいや』（長谷川集平著、復刊ドットコム）や『さっちゃんのまほうのて』（たばたせいいち著、偕成社）のように、ときに辛辣な言葉を浴びせながらも、他人事ではなく共に生きる在り方をリアルな世界で身につけていくことこそが、異質性や多様性に直面したからこそ向き合ってできる自己内葛藤であり、それを乗り越えてこその人間愛だと思うのです。

　当然ながら、多様性については、公立学校のほうが私立学校より豊かだといえます（図2）。中学校を例に考えれば、学力はある一定の基準で選考されている私立学校のほうが差は小さいですし、どんな家庭でも通

学距離や授業料負担に耐えられるわけではないので、私立学校のほうが家庭の経済力の幅も限定されます。もちろん、家庭の価値観は多様ですし、性自認や性的指向、発達障害などの見えにくい多様性

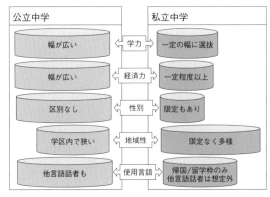

| 公立中学 | | 私立中学 |
|---|---|---|
| 幅が広い | 学力 | 一定の幅に選抜 |
| 幅が広い | 経済力 | 一定程度以上 |
| 区別なし | 性別 | 限定もあり |
| 学区内で狭い | 地域性 | 限定なく多様 |
| 他言語話者も | 使用言語 | 帰国/留学枠のみ 他言語話者は想定外 |

図2　生徒の背景にある多様性（筆者作成）

は、公立・私立学校の違いなく出会えるはずです。

　私学では、帰国枠や留学を標榜したコースなど、ポジティブな面を表に出した多様性教育は経営面から取り組まれ広報されやすいですが、もともと生徒や家庭の文化的経済的背景の幅が限定的なだけに、そこにある見えにくい多様性についても丁寧に対応していくことが求められます。

## 私学にも特別支援教育の波が

　私学は、建学の精神を中心に据えた独自の教育課程を実施できる強みがあります。そこに魅力を感じて選ぶ保護者や期待して入学する子どもたちがいたからこそ、長い間、自校の校風や伝統的な指導法を継承することで質が担保されてきたのだと思います。

　しかし、これだけ、社会が変わり、教育に求められるものが変わってきている中、よい意味での新陳代謝やアップデートをしていく土壌やシステムも求められます。

　名村（2008）[8]は、大学における発達障害学生の調査をもとに、いわゆる「進学校」といわれる高等学校にも、自閉スペクトラム症（以下、ASD）に類する子どもがいるであろう状況を調査によって明らかにして

---

*8　名村美保「「進学校」と呼ばれる高等学校における特別支援教育の現状と課題」（https://core.ac.uk/download/pdf/70295022.pdf）2008年

います。それによると、ある県の公立進学校2校と公立一般校2校に加え、私立進学校2校の、教師265名と生徒2201名を対象とし、学習面、生活面の困難を検討した結果、進学校では公立・私立学校ともに学習障害（以下、LD）・注意欠如・

・学習面のつまずき（高得点ほどつまずきの自覚が強い生徒）

表1 生徒用（学習編）学校群ごとの平均得点

| | 公立進学校 | 私立進学校 | 公立一般校 |
|---|---|---|---|
| | 平均（標準偏差） | 平均（標準偏差） | 平均（標準偏差） |
| 学習編 | 35.12（11.35） | 28.36（12.92） | 38.50（11.57） |

＊気になる生徒の割合：8領域とも公立一般>公立進学>私立進学

・生活面（高得点ほどつまずきの自覚が強い生徒）
（社会的スキル、注意の切り替え、細部への注意、コミュニケーション、想像力）

表2 生徒用（生活編）学校群ごとの平均得点

| | 公立進学校 | 私立進学校 | 公立一般校 |
|---|---|---|---|
| | 平均（標準偏差） | 平均（標準偏差） | 平均（標準偏差） |
| 生活編 | 9.64（3.28） | 10.14（3.56） | 9.91（3.17） |
| ＊気になる生徒の割合 | 2.6% | 4.6% | 2.2% |

私立はASDタイプが多い

図3　公立・私立、進学校・一般校の比較（名村、2008から筆者作成）

多動性障害（以下、ADHD）タイプの生徒は少なく、私立進学校は ASD タイプの生徒が多いことを報告しています。

　ASD タイプの生徒が偏差値の高い学校に多くいるというのは、特別支援教育にかかわる人間には想定できていましたし、確かな実感ももっていました。しかし、当該校には想定外と思われることも多く、研修が十分ではない私立学校で、しかも対応が難しいといわれる ASD 傾向の生徒に適切なかかわりができるのかと心配してしまうのは私だけではないと思います。

　その研修不足を裏づけるような残念な事案が報道されました[9]。私立小学校に入学した児童の度重なる問題行動に対し、対応に苦慮した学校が公立学校への転校を勧め、保護者が受け入れなかったので退学処分にしたというのです。2年時に ADHD の診断もされ、学校にも伝えたようですが、この時点で学校には支援組織もなく、主治医との連携もなかったようです。報道によると、保護者は「手がかかる児童を追い出したいから退学にした」のではないかと学校側の対応を残念に思い、訴訟に踏み切っています。

---

＊9 「退学処分の発達障害児、私立小を提訴　問題行動理由「差別的」、学校側は「全力で対応した」」『西日本新聞』2021年4月15日付

もちろん、問題行動がいいわけではありませんが、この問題の本質は、落ち着きのなさや衝動性に気づき（少なくても診断がされた後には）、どういう対応をすればいいかを検討するシステムがなかったことです。多動性を有しながらも抑制する力をどう発達させるのか、衝動的な行動をどう調整できるのか等は、学校側の環境調整が大きいことが知られています。私立学校も含めて、すべての学校や教師に求められていることを認識していなかったか、認識していても自校にはいない、対応しなくていいという数年を過ごしていたことに胸が痛みます。

　私立学校でも毎年、特別支援教育の体制整備調査が実施されていますから、校内体制整備の遅れを自覚する機会はあったわけです。小学校であれば、学力は別にしても、多動・衝動性や不注意、対人関係面に困難のある子はいたはずです。気づいていないとしたら、ずいぶん雑な児童理解ですませている教師集団だといえますし、教師が認識していても管理職が整備する必要を認識していなかったことも考えられます。十歩下がっても、「障害者差別解消法」における合理的配慮[*10]は、人権保障という観点から、学校人としてだけでなく社会人としても理解しておいてほしい内容です。おそらく長い間、「学校に合わない場合は辞めていただく」という意識があったからではないかと憶測してしまいます。

　文部科学省による体制整備状況の調査（2019）[*11]では、私立学校の校内委員会設置は48.6％、コーディネーター指名が42.8％、校内研修も50.4％と、100％に近い整備状況の公立学校に比べ、残念な状況です（図4）。2018年の結果は校内委員会設置が40.6％、コーディネーター指名が47.4％、校内研修が40.6％ですので、校内委員会設置と校内研修は伸びたものの、コーディネーター指名は減じています。

　コーディネーターについて公立学校では、校内のコーディネーション

---

*10　合理的配慮とは、「障害者が他の者と平等にすべての人権及び基本的自由を享有し、又は行使することを確保するための必要かつ適当な変更及び調整であって、特定の場合において必要とされるものであり、かつ、均衡を失した又は過度の負担を課さないもの」（障害者権利条約第2条）2021年の改正障害者差別解消法により、私学でも義務化。

*11　文部科学省「平成30年度 特別支援教育に関する調査結果について」2019年

を行うので、発信力の
ある養護教諭や管理職
がなったり、複数指名
をしたりして、校内委
員会の機能を高め、授
業内支援の方針が立て
られるよう、より実効
性のあるものにする工
夫を重ねてきています。

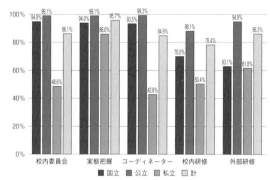

※幼稚園には幼稚園型認定こども園、小学校には義務教育学校前期課程、中学校には義務教育学校後期課程及び中等教育学校前期課程、高等学校には中等教育学校後期課程を含める。

国公私立別・項目別実施率【幼保連携型認定こども園・幼稚園・小学校・中学校・高等学校計】

**図4　特別支援教育体制整備状況**
（文部科学省「平成30年度 特別支援教育に関する調査結果について」）

　対して私学では、ス
クールカウンセラーに
一任していたり、診断の有無にこだわったり、前向きな学校でも当該児
童生徒や保護者への対応だけを考えたりしがちです。報道された学校も、
当該児童の対応にあたってもらうべく、臨床心理士を常勤で雇用したよ
うですが、学級内の教育支援について助言し、チーム支援をしかける役
割を担える方だったのか、そういう期待をかけて雇用されたのか、知り
たいところです。この学校に限らず、多くの私学が、支援体制の整備が
遅れていることに気づかず、改善すべき課題とも捉えていないことは、
支援ニーズのある子どもが面倒見のいい私学に期待して入学する現実と
乖離しているように思えてなりません。

## 限定された集団だからこそ多様性享受の風土を醸成できる契機に

　インクルーシブ教育や共生社会への推進が叫ばれて数年が経ちます。
発達障害のある子が私学に入学する可能性は高くこそなれ、下がること
はありません。

　私学でも多様性対応は、SDGsやグローバル教育の視点からも捨て置

けない課題です。先に見てきたように家庭の経済力や使用言語など、公立学校ほどには考慮しないですむ学校が多く、私立学校が直面する多様性は限定的です。だからこそ丁寧な教育を進めていけると思いますが、多様性教育の中でもポジティブな面だけを取り上げようとしていないか、懸念されます。たとえば、語学教育や多文化教育です。

図5のように、多様性には、見えにくいものや可視化しにくいものもありますが、それらを扱ってこそ、自己内吟味が始まり、新たな異文化と出会ったときの葛藤を処理する力につながります。

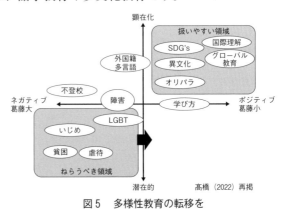

図5　多様性教育の転移を

そのように多様性教育を捉えたならば、発達障害支援にかかわるテーマに取り組むのは、潜在的なニーズに気づき、声を上げやすくする風土づくりに役立つはずです。

前著（前掲『私学流　特別支援教育』）では、学び方をアセスメントして授業や生徒の家庭学習に活かしたり、アンガーマネージメントなどに取り組んだりしている例を紹介しました。その後も、たとえば感覚過敏の理解のために、感覚には個人差があり、快・不快に思う基準は人それぞれであることや、方法が違うことがずるさにつながるかどうかを考えてもらう実践（石橋、2017）[12]などを参考に、私立進学校（男子校）でも取り組みが多角化してきています。

周囲に見え隠れする異文化に対して、自身がどう向き合うかが多様性教育の本質だと思うのです。異質なるものと折り合いをつける力をつけ

---

[12]　石橋瑞穂「ずるい？　ずるくない？」『月刊　学校教育相談』31（6）、ほんの森出版、2017年

ることが、自己理解と他者理解を促進するのです。

## なぜ、特別支援教育が教育力のアップデートにつながるのか

　筆者は、気になる子への対応について先生方と一緒に考える機会をもつことが多いのですが、先生方の授業観や生徒への期待が気になってしまうことがあります。

　図6は、学校心理学の3段階支援の図です。担任や学年団任せだと、気になる子への気づきは遅くなり、対応もずれることがあります。組織で動けると、早め早めにニーズを把握し、システマティックに実態把握と支援方針の共有まで進むので、教師の支援力は上がり、一次支援でカバーできる子どもは増えます（図7）。

　しかし、このシステム化が遅れている私立

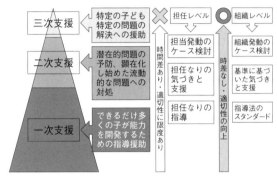

図6　3段階支援を組織レベルで

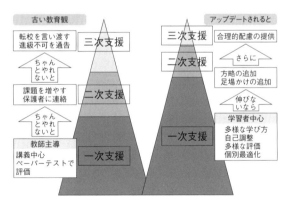

図7　3段階支援の時差

学校（一部の公立学校も同様ですが）では、生徒理解も授業実践も教師個人の考え方で動いているため、アップデートされません。図8に例をあげましたが、眠気に負けてしまうのは、生徒のせいか教師のせいか、考え

てみる価値があります。

古い考え方は、障害も医学モデル（コラム❶参照）で考えやすく、眠気に負けやすい体質や節制できない生活態度に非を求めます。一方で、障害の社会モデル（コラム❶参照）で考

図8　3段階支援の守備範囲

えると、立って学んでも歩きながら学んでもいい教室で、能動的な学習活動を組めば、覚醒水準は上がり、眠気も襲ってきません。

　この教室環境や一次支援の考え方によって、影響を受けるのは支援される生徒だけではありません。一次支援の場で、恩恵を被り、伸びる子が増えるのは、全員の学力向上にもつながります。多様な学び方が奨励され、方略を選んだり、リクエストしたりできる教室では、支援を要する生徒だけでなく、個々の子どもが自己調整する場が増えます。切り口は特別支援教育でも、その授業改善が、全員の個別最適化につながるのです。

　さらに、教師が子どもの学習にかかわる当たり前をどうアップデートしているかも重要です。かつては、いい姿勢で、よく聞き、ノートをとり、発問されたら挙手し、指名されたら発表し……など、教師主導の当たり前が通用していました。しかし、脳科学や学習科学の進歩から、当たり前が当たり前でないことが、つぎつぎわかってきているのも事実です。

　表1は、教師が皆にとって有益と信じて疑わなかったことも、実は当たり前でないことを示しています。表面的な態度より、脳が働く状況を

優先している海外の学校では、立って学ぶ机が複数置かれており、座っても床に座してもよしとされているところもあります。明確な自己目標のもと、個人で調べたり、対話したり、主体的に自己調整している教室では、モーターニーズ（動きたい欲求がある子を指しますが、動いていたほうが脳が活性化する子がいることがわかっています）のある子は、動きながらのほうが脳の働きにはいいことも理解されているので、教室にエ

表1　重視されてきたことの是非

|  | 目的 | 根拠、学習効果 | 反例 |
|---|---|---|---|
| いい姿勢 | 書字に好都合整然と見える（誰にとって？） | 反例あり | 姿勢にエネルギーを向けると学習に集中できない人も |
| 動かない |  |  | モーターニーズのある人には、適度な動きは効果有り |
| 黙って聞く | 講義が届く | 受動型の学習にしてしまう | 主体的学習に不適対話型の学習時にもありえない |
| ノートをとる | 復習するため | 記憶に効果？浅い処理 | 書く困難がある人には逆効果 |
| 丁寧な書字 | 自他ともに読みやすい | 学習効果との因果関係なし | 書く困難がある人の評価を下げやすい |
| 飲み食いしない | 学習にはマイナスだから | 学習にとってマイナス？ | 注意の維持、集中に効果がある |
| 教室を出ない | 学習にはマイナスだから | 教室で教師の下で学ぶため？ | 学習者がコントロールできる方がいい |

図9　形にとらわれない学びの環境

アーバイクや小さなトランポリンがあることも珍しくありません（図9）。さて、そうなると教師が過去の形にとらわれ、狭い当たり前に固執していないか、最新の知見に照らして自分自身を見直すことは有用です。

　図10は、私が教員研修でよく使うスライドですが、「着席して当たり前」とか「教師の話を聞いて学びが始まる」と思うこと自体を否定したいわけではありません。でも、そこに乗らない子がいたときに、個人の努力や家庭の協力を求め、それでもうまくいかないときに、マイナスの

評価を下し、ときに支援をあきらめたり、違う学校を探すことを勧めたがったりするのであれば、教師力がアップデートされていないゆえに生徒を否定し排除していないか、考えてほしいのです。

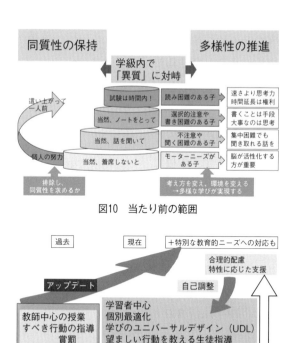

図10　当たり前の範囲

図11　教育や支援の変化

右側には、どういう例外がいて、どう学び方を変えれば、伸びていくかも示しました。この許容水準が古く狭いまま、子どもを切り捨てているなら、教師の古い教育観が子どもの人生を歪めてしまうといえるかもしれないのです。ぜひ、10年後も後悔しない生徒理解と指導のためにも、自身の在り方をアップデートしてほしいと思います。

　図11は、メインストリームとしての在り方がアップデートされ（黒矢印）、そのうえに特別支援教育が位置づくことを示しています。と同時に、特別支援教育の充実を目指すことによって、例外的な子どもへの対応が充実し、回り回って多様な子どもがいる集団での個別最適な学びをも実現していく（白矢印）ことを示しています。

　一部の前向きな子どもを対象にした一斉指導の授業力を高めるだけでは、学習者が自己調整することを目指す今日的な教育に行き着きません。

学びの多様性に気づけるのは、特別な教育的ニーズのある子どもにかかわることで開発されます。特性に合った学び方で伸びる姿に接し、学びを自己調整することが生きる力となり、権利であることを実感できた教師こそ、集団の場においても自己調整できる学習者を育てていけるのです。事実、集団の場で学びのユニバーサルデザイン（UDL）による授業づくりに挑戦する教師たちも、学びの特性や自己調整の意味を体感してから、主体性を重んじ、自己選択を促し、個別最適な学びが現実味を帯びてくる授業を生み出すように成長していきます（髙橋、2020）[*13]。

　学び方が多様な集団で指導できる、加えて学習者中心の能動的な学びを実現できることこそ、今、教師に求められている授業力です。ぜひ、多くの先生方に、特別な教育的ニーズのある子どもと向き合うことで、授業力や生徒指導力を高めていってほしいと思います。

（髙橋あつ子）

 **本章のポイント！**

①コロナ禍により、学校教育の在り方が問い直された
②新しい教育に舵を切るべき観点に敏感な学校、教師かどうか点検を
③私学の弱点の1つに特別支援教育への意識の低さがある
④多様性と向き合う1つとして、偏りのある生徒のことを考えたい
⑤支援の発想は、医学モデルから社会モデルに
⑥子どもを伸ばす戦略が特別支援教育には内在する
⑦学級内の取り組みや校内支援体制もバージョンアップできるチャンス

＊13　髙橋あつ子「学校全体でUDL授業実践に取り組む良さ」『指導と評価』2020年2月号、図書文化社

# 医学モデルと社会モデル

　障害をどう理解しているかは、対応にも表れます。「診断がなけれ
ば、（わがままかもしれないので）支援はしない」というのもその１つで
す。そのような求めに応じて、診断書を出すと、今度は「服薬で治せ
ないのか」とか「専門機関で指導してもらえないのか」などの見解も
出されます。これは、障害というものが、個人の中にあって、治療し
治すべきものという考えに拠っています。

　かつて、世界保健機構（WHO）は、ICIDH（International Classification
of Impairments, Disabilities and Handicaps：国際障害分類）というモデル
を使い、障害を説明しました（1980）。個人の疾病や損傷（impairment）
にはじまり、それが能力を制限（disability）し、社会的制約（handicap）
につながるというものです。

　とてもわかりやすい説明モデルですが、障害のある人にのみ適用す
る枠組みであり、不利益を最小限にする視点に使えたものの、マイナ
スの影響があることが前提になっている弱点がありました。

　そこで、当事者の意見も反映させて、2001年に提案されたのがICF
（International Classification of Functioning, Disability and Health：国際
生活機能分類）です。これは、障害のあるなしに関わらず、健康に生
きていく生活の視点を重視し、ポジティブな分脈で活用可能なモデル
になっています。

　とくに環境因子に着目している点が重要です。同じ車いすユーザー
でもスロープやエレベーター等の物理的環境がよければ行きたいとこ

ろに自由に行くことができますが、段差が多く、周囲の人の協力も得にくい環境であれば、それはままなりません。ベビーカーを押す子育て世代

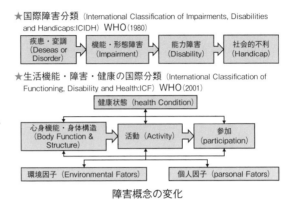

★国際障害分類 (International Classification of Impairments, Disabilities and Handicaps:ICIDH) WHO(1980)

疾患・変調 (Deseas or Disorder) → 機能・形態障害 (Impairment) → 能力障害 (Disability) → 社会的不利 (Handicap)

★生活機能・障害・健康の国際分類 (International Classification of Functioning, Disability and Health:ICF) WHO(2001)

健康状態 (health Condition)

心身機能・身体構造 (Body Function & Structure) ― 活動 (Activity) ― 参加 (participation)

環境因子 (Environmental Fators)　個人因子 (parsonal Fators)

障害概念の変化

も、杖をつく高齢者にも環境因子の影響は大きいはずです。

　学校に目を移すと、医師が判断するものであるという固定概念も、直すべき困ったものという障害観も、古い国際分類に見られる発想につながっています。

　発達障害は、治療して治すべきものではなく、その特性を生かして、日常をよりよく生き、特性に応じた自己実現を図ることが望まれる障害です。ですから、個人に内在している、直すべき疾患として捉えている障害観を「医学モデル」と本書では記します。

　一方で、教育が果たせる役割は、その人のよさを見出し、成長のための環境を提供することともいえます。ICF に位置づけられた環境因子の影響を重視し、環境を整えることで、能力を生かし、健康に生きる発想を「社会モデル」と記します。

（髙橋あつ子）

# 特別支援教育への注目による私学の変化

# 1 教育全体をアップデートするためのシステムがあるか、機能しているかどうかを確認する

　私学の強みは、建学の精神に裏づけられた熱意やスピリッツであり、それを共有した面倒見のよさだといえます。そのうえ、異動のない教職員集団の安定感も大きな強みです。それらに加え、本書の序章で言及した多様性の幅があります。その幅は、公立学校に比べれば限定されていますから、似たような子どもたちの中での小さな違い（多様性のかけら）に気づき、対応する機会を有しているといえるでしょう（図1）。

図1　限られた範囲を拡大できる

　私学でも、児童相談所との連携や要保護児童対策地域協議会との協働などを日常的に行っている学校も増えてきましたが、それでも公立学校に比べると限定されています。でもだからこそ、もともとウリにしていた丁寧さを発揮できるチャンスと捉えられると思うのです。

　今日的な新たな課題に正対し、対応できるようにするには、序章で見てきたように古い枠に囚われている「これまで」に気づき、「これから」をどう築くかどうか、つまり新陳代謝、アップデート力が必要です。

　「この子を受け入れた以上、○年間で成長させよう」という姿勢からは熱意や厚意を感じますが、伸ばす指導に対応を変える必要があることも考えると、個人の誠意では足りません。特別支援教育にかかわらず、教育の今日的な課題に向き合えている学校かどうかが試されているとも

いえます。つまり、特別支援教育の浸透以前に、教育全体をアップデートするためのシステムがあるかどうか、機能しているかどうかがポイントになります。

## 教科指導・生徒指導の３段階支援を支えるシステム

　図２は、一般的に教育の質を向上させるために必要な階層的指導の要素とそれを側面から支える校内システムを表しています。３段階支援は、教育力を考えるうえで構造的理解に役立ちます。その構

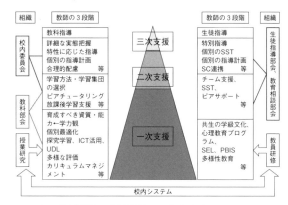

図２　教科指導・生徒指導とそれらを支えるシステム

造に沿って、教科指導（左）と生徒指導（右）と、それらを支えるシステムの３要素で整理してあります。

　授業力は、自己研鑽だけでは向上しません。教科部会で協議している学校も多いでしょうが、多くは単元計画や教材についてではないでしょうか。公立学校では、高等学校は少ないかもしれませんが、小中学校では日常的に授業研究が続けられていますし、管理職による人事評価にも、子どもや保護者からの学校評価（コラム❷参照）にも授業が俎上に載ります。

　私学では、学校評価も実施している学校ばかりではない（岩崎、2008）[*1]ですし、授業を見合って協議する場がある学校のほうが少ない印象をもっています。

　他者の授業を見て、教え方ではなく子どもの学ぶ姿から学習者中心の

---

*1　岩崎保道「私立高校における学校評価の実態と改善のための政策検討」『同志社政策科学研究』10（1）、2008年、111-123頁

教室づくりの本質を見いだし力をつけていく先生方とかかわってきた筆者にとっては、このような場がない先生方はお気の毒にすら感じてしまいます。

　まして、学習に苦戦している子や伸び悩んでいる子については、教師個人の工夫では限界もあり、適切な指導に行き着くのに時間がかかることと思います。校内委員会があればそれらもそこで協議され、授業内支援のやり方が見えてきますし、合理的配慮も教師個人の努力ではなく、組織共有のミッションとなるのです。

　生徒指導は、教科指導以上に可視化されにくいのでさらに組織での取り組みが待たれます。よく生徒指導のことを問題行動への指導だと誤解していたり、穏やかな学校を自負してのことでしょうが、「本校は生徒指導（の問題）はない」という表現に出合ったりしますが、「一人一人の児童生徒の人格を尊重し、個性の伸長を図りながら、社会的資質や行動力を高めることを目指して行われる教育活動」（文科省、2010）[*2]と定義されています。

　もし、生徒指導をしていないというのであれば、人間としての成長は関心外ということになります。そんなことは丁寧な指導を標榜する私学にはふさわしくありませんし、罰する指導だけだとなると、マインドセットや勇気づけのように成長を促す指導はしていないということになります。おそらく健康的な子どもは仲間の支えも活かしながら、自分で人間的成長を実現してくれるので、教師が努力しないでもすむように思えるのです。

　ですから、そのような子どもだけを指導対象と考えたい教師も増えてしまうのでしょう。そして教員養成においても、とくに中学校、高等学校の免許取得については教科指導が中心で、生徒指導分野は単位数も少なく、着任するまで必要性を感じづらいために、自分が受けてきた、見

---

＊2　文部科学省『生徒指導提要』「第1章 生徒指導の意義と原理」2010年3月。

てきた生徒指導に留まりがちなのでしょう。

　しかし、子どもが思春期も含め成長していく過程では、劣等感やねたみ、自信低下、友人関係の軋轢、将来への不安など、向き合う課題は多く、支援をするのはたやすいことではありません。学んでいない分、教科指導以上に、細心の知見をアップデートする必要がありますし、理屈ではなく他の教師から学ぶことも多いはずです。

　たとえば、生徒指導の新しい潮流として学校全体で目指すべき価値に基づいた望ましい行動を奨励する「PBIS（Positive Behavioral Intervention & Support）」をあげてみましょう（詳しくは、第2章、コラム❸参照）。

　PBISでは、不適切な行動を否定する指導ではなく、不適切な行動を起こしたら、教員集団が子どもに適切な行動を教えることに不足があったのだと考えます。起こしてほしい行動を定義し、啓発し、目に見えるように可視化し、できたら強化し続ける環境を工夫するのが大人の役割だと捉えます。したがって、「ダメでしょう！」という叱責をする教師がいたら、力量を疑われるでしょう。それほど、古い指導と逆転しているのです。

　日本では生徒指導分野で経験を積んだ先生ほど、一貫してブレない指導の名のもとに厳しいダメ出しが得意な方がいます。行動科学から生まれたPBISの研修で、ほめることの効果（コラム❹参照）を伝え、演習をすると、そういう方ほどほめることに疑いをもち、ほめ方も苦手だったりします。

　まして、学級経営上の工夫として「どのような学級を目指すのか」話し合う学級活動や、学級の実態に応じた心理教育プログラムの実施など開発的生徒指導やプロアクティブな生徒指導に重点が置かれるようになった今日ですが、日常は教科指導に重点を置いているからでしょうか、私学にはその手の取り組みに及び腰の教師もいるように思います。教員研修をしても「素人が心の問題を扱っていいのか」という不安を語る方

もいます。教師は人間的な成長を支えるキーパーソンです。ぜひ、発達支持的、開発的な段階からの対応を学び、取り組んでほしいと思います。

　それらがベースにあって、気になる子どもの三次支援が意味あるものになっていきます。たとえば、かっとなりやすく、諭しただけでは改善しない子がいたとしましょう。そういう場合「この子をなんとかしたい」という思いから、医療を勧めるのが定番です。これを三次支援と捉える向きもありますが、私は学校組織やチームによる支援、できれば教員団の支援で3階層を構成することを願っている立場ですので、四次支援、あるいはエクスクルージョンと捉えています。個別に対応する三次支援、似たような子たちと小集団で対応する二次支援と考えます。

　かっとなりやすくキレてしまう子がいた場合も、学級全体で、SEL（社会性と感情の学習：Social & Emotional Learning）に取り組むことから考えます。学級全体でアサーション（自己表現）トレーニングをやったり、聴き方やもめごとの仲裁を学んだりしておくと、クラス全員の力が伸ばせます。そして、本人のネガティブな感情がエスカレートする前に、周囲の子どもが本人の言い分もしっかり聞いたり、怒りを緩和する方法を提案したりする姿が見られるようになるので、三次支援の必要性そのものが減るのです（図3）。

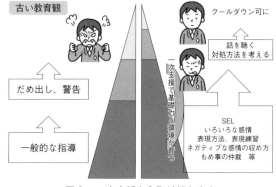

図3　一次支援から取り組むよさ

　さらに、分掌表にある組織ではなく、日常の教育活動に貢献する機能としての組織、校内支援システムがポイントとなります。図2の左右両側に例示した組織が、

教師の日常を支え、ブラッシュアップを促すのです。学校によっては、分掌よりも役割を担った個人が動いたほうが早く機能的な場合もあるでしょう。コーディネーターの指名も十分とはいえない私学で、コーディネーターの必要性を自覚する教員が自発的に動いたり、教育相談や保健室の機能を拡張して動いたりしながら、その役割の必要性を多くの先生方に知ってもらい、指名にこぎ着けたり、指名された個人が仲間や後輩を巻き込んで複数指名に持ち込んだり、三次支援だけを行っていた教育相談部が二次支援、一次支援に拡張したり、全体のビジョンがあれば、複数年で着々とシステムは整備されていきます。

　いつまでも、その子だけの問題と考えたり、スクールカウンセラー（以下、SC）に任せればいいと捉えていたりする学校は、チーム学校のアップデートも遅まきであることに気づいてほしいと思います。

## ② 法的根拠を用いて私学における 特別支援教育を推進する

　学校評価もそうですが、法的整備が学校の重い腰を上げることにつながるのは、私学に限ったことではありません。

　2000年の「児童虐待の防止等に関する法律」によって、学校は虐待の早期発見に努めることと通告義務が課されました。

　「いじめ防止対策推進法」（2013年）を受けて、いじめを防止するために、国や地方自治体の方針を受けて学校としての基本的な方針を定めることが義務づけられました。そして教職員で支援する体制を整えるとともに、子どもや保護者が相談できる場をつくることや、早期発見のための定期的な調査をすること等が打ち出されました。いじめはどこにでも起こるものである以上、公立・私立学校も違いはないはずですが、調査の取り組

みに関する進捗状況や危機感は、私立学校はやや緩やかだったように思います。公立学校のホームページを見ると学校評価に並んで、いじめ防止基本方針を載せている学校が一般的ですが、私学ではなかなか見つかりません。公立学校ではここに定期的な調査も計画されていますが、私立学校の実態はどうなのでしょうか。

　特別支援教育に関しては、2016年に「障害者差別解消法」が施行され、当時は障害を理由にする不当な差別は禁止とし、合理的配慮の提供については公的機関には義務とした一方で、民間事業者は努力義務に留めていました。しかし、2021年の改訂によって、3年以内に民間事業者も義務化されることになっています。

　そもそも、「障害者権利条約」を受けて文部科学省から「共生社会の実現に向けたインクルーシブ教育システム構築のための特別支援教育の推進（報告）」が出たのは、2012年です。2007年度から特別支援教育に転換され、その時点では、特別な教育的ニーズのある児童生徒は、どのような学校にもいること、だからこそ通常の学級の教員が担うことは、教育に携わる者には知らされていたはずです。そして、合理的配慮も2012年時点で打ち出されていますし、私学だからといって、教育的に意義のある（と認められた）合理的配慮に取り組まないのは、そうそう許容されないとして、東京都は国に先立って2018年に独自に「東京都障害者差別解消条例」を施行し、民間事業者も合理的配慮を提供することを義務化しています。

　これらによって、公立高等学校では、入学選抜に際し、合理的配慮を申請する受験者も増え、高校生も大学入試などで合理的配慮を求めるケースも増えていったために、高等学校の教員の認識は飛躍的に伸びたといえます。それは、そのまま高等学校在学中の合理的配慮の提供にもつながっていったはずです。

　この動きや変化を私学は同等に捉え、入学選抜や進路指導、日常の指

導に活かしていたでしょうか。本書でもいわゆる進学校での実践も紹介しますが、このような取り組みの必要性を認識している教師や学校は少なく、今後も周知していく必要があるでしょう。

　ここまで見てきたように、条約も法律も学校のニーズにかみ合うと認識されなければ、そうそう効果があるわけではなさそうです。教員研修で啓発するとしても、そのような研修自体を実施する私学が限られているからです。しかし、取り組む必要を認識した学校では、コンプライアンスの視点からも取り組みが加速しますし、それぞれより詳しく取り組みを指南するガイドライン等も、役立てていくことと思います。

　では、ほかの私学の取り組みの背中を押すものはないでしょうか。

　いくつかの学校では、「公立の当たり前」を伝えることで、課題意識が上がったという声を聞きます。「公立の当たり前」は、多数派の当たり前です。そのテーマに関心のある少数派の実践ではありません。いわば、日本の学校の標準を示しているともいえるので、もはや「自校に必要ない」とか「できない」とはいっていられない、やれていないとまずいかもしれないという意識につながってのことでしょう。

　また、特別支援教育を自分には関係ない遠いものと捉えていた教師が、公立学校では一般的な課題と受け止め取り組むようになっている現実や、私学でも取り組まれている具体を知る、そのことが「自校でもやらねば」と背中を押し、どうせやるならば自校に合った取り組みをと身近なモデルを探し出す動きにつながったともいえます。

　最後は、権利擁護のムーブメントです。保護者の要望は、ときに学校にとっては圧力のように思えることもあるでしょう。しかし、法的環境が整い、やらなければいけないとうすうす感じているところに、支援を受けることが当たり前のように要望が出されたら、少しずつ取り組みが稼働するのではないかと思っています。

# 3 特別支援教育の取り組みで、私学の教育・支援の質を変えていく

　私立学校の取り組みが遅いのは、今まで「特別支援が必要な子はいないから必要ない」という意識だったからでないかと思います（図4）。公立学校でもそのような意識の教師が多い時期がありま

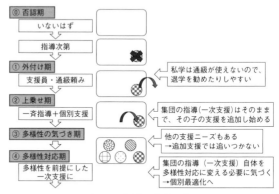

**図4　支援の変容過程**

した。発達障害について理解が進むにつれて、いるけれどきちんと（厳しい）指導をすれば大丈夫という教師がいた時期もあります。幸い、公立学校では、通級による指導を使えたり、支援員を配置したりもできるので、やや消極的な教師もそういう外づけシステムを使うことで、より理解が進み、協力的になっていった経過があります。私学では、それらのリソースを使えない場合がほとんどですので、勢い「学校の条件に合わないので、ほかの学校に転学してください」という提案になってしまう（図4①）こともわからなくはないでしょう。

　しかし、選抜をして入学を認めた子どもですし、公立学校以上に「面倒見のいい私学」で学べるはずという前提で支援を工夫してほしいものです。公立学校では、通級担当者や巡回相談などを利用してコンサルテーションを受けることで、在籍級でも一斉指導に特性に応じた指導を追加する努力をする教師が増えていきます。私学でも面倒見のいい校風、丁寧な指導をする誠実な教師として、追加的配慮に熱心な方も多いもの

です（図4②）。

　ただ、外国籍やLGBTQ、不登校の子、経済的な困難や虐待も疑う必要がある子も含め、対応すべき多様性の幅の広さと支援の難しさを知れば知るほど、追加的支援では間に合わないことに気づいていきます。ここにおいて、ようやく一次支援としての集団での指導（授業や学級経営）を見直す段階に移行します（図4③）。

　ここで、UDL（Universal Design for Learning）（コラム❺参照）などの多様性対応の考え方を参考にして、教師が教え、個々の生徒に支援を追加するのではなく、学習者の誰もが用意された足場かけや方略を選べるようにすることで、すべての子が自分に合った学び方で自己調整する授業に転換していく段階をむかえます（図4④）。

　私学でも、同様の模索プロセスを踏むことが多いのではないかと捉えています。唯一、異なるのは、通級などの公的リソースは使えないことです。しかし、だからこそ教員集団で何ができるかを問いはじめるかどうかが分岐点になります。

　SCや外部の専門家とコンサルテーションを行う土壌さえあれば、特性に応じた指導を学び、その効果を体得できる教師が増えます。これがなければ、学級内支援はできないと決めつけ、外に出そうとする力動が働きやすくなります。

　私学がこの関門を抜け出せるよう、発達障害は通常の学級で支援でき、環境を整えることが教師力を上げ、今日的な校内体制が整うことにつながることを多くの学校関係者が知ってほしいと思います。そこさえ抜け出せれば、資源が限られている私学の底力が見えてきます。

　通級がない中、学校独自でそれに相当する学びの場を用意する私学も増えてきました（第4章、第6章参照）。図5は、公立学校における多様な学びの場を示していますが、アメリカでは通常の学級での支援なしを基

準に考え、その一般的な教育システムとは異なるサービスを追加する（図の右側）だけ制約が大きいと考えます。制約が少ない左側に進むことはインクルージョンが進んでいると考えられるのです。

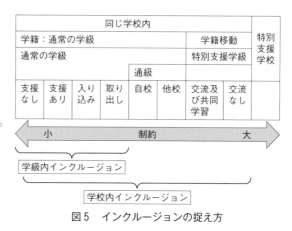

図5　インクルージョンの捉え方

　わざわざ自分の学級を抜けて地域の通級設置校に行くより、自校の通級を利用するほうが負担（制約）は少ないですが、他校通級しかない地域もありますし、特別支援学級も居住地の学校にはないという地域もあります。多様な学びの場を選びたくても、通いやすい、友だちと一緒にいられる等のよさと引き換えに右側の選択肢を選ぶ場合もあるのです。

　そこから考えれば、私学は校内に別の場をつくることで自校通級を実現し、学校内インクルージョンを完結できる点で、子どもにかかる制約が限定的なものになり、それだけ安心して通えることになります。

　私学協会などの地域ネットワークが、不登校生徒の受け皿をつくっている取り組みも出てきました（第6章参照）が、それらも学籍移動はないですし、私学という大きな枠組みから切り捨てられない、戻れる安心感を提供しているといえます。私学は私学のよさを保持しながら、1校の努力ではカバーしきれない多様な受け皿をネットワークで提供しようとしている点、教育行政主導で整備される公立学校とは異なる、自力で生み出す心意気や熱意があってこその取り組みといえます。

# 4 私学の特別支援教育の発展モデル

　さて、私学ならではの難しさや強みを整理してきました。私学は、学校独自の強みも風土もありますし、使えるリソースも違います。1つの学校の取り組みが他校にもモデルになるかというとそう簡単ではありません。そこで、いくつかの発展プロセスを類型化してみたいと思います。

　すでに述べたように外づけの受け皿をつくることが特別支援教育ではありません。もちろん、学校内に成長するための多様な場があることは大事ですので、在籍級での学習や生活を支えるための場として提供できるなら、それはないよりはあったほうがいいかもしれません。しかし、そこで完結させてしまわないインクルージョンへのビジョンはもっていてほしいと思っています。

　また、外づけの受け皿の問題点は、本質的でない反面、外から見えやすいもの、真似しやすい特徴をもっています。「どこどこの学校が、違う人を雇って、そういうお部屋をつくったんだって」というのは、中身を知らない人にも伝わります。しかし、通常の学級から（言葉は過激ですが）剝がすようにして、そのお部屋で対応する（エクスクルージョンして）、通常の学級は今まで通りというのでは、インクルージョンとはいえません。

　人をつける、場をつくるという外目で見えやすい取り組みではなく、どういうかかわりで何を伸ばす機能があるかどうかが重要です（図6）。加えて、そこで把握できた特性や支援方法を教師が在籍級に

図6　見えやすさより支援の中身

持ち帰り、そこで実践可能なものにしていくビジョンをもっているかどうかが最優先事項のはずです。

　しかし、校内でそれができたとしても、外部の人には見えにくいものです。先進校を参考に取り組み始めようとする後発の学校には、ツケ刃のように見えやすい物だけを追加して、本体が変わらないようなまねごとで終らせてほしくないのです。先進的な取り組みをしている学校も、ハードの要素だけではなく、ソフトの努力こそ、伝えていってほしいと思うのです。それこそは、予算がなくてもできることですし、本体の教育がアップデートすることにつながる本質部分でもあるからです。

　さて、そのうえで、どういう発展スタイルがあるかを整理してみましょう。

## 教師の必要感から

　まず、とにかく必要なのは、支援の必要性を実感する教師の思いからです。「なんとかしないといけない」と思う教師が1人でもいれば、そこからうねりをつくれます。管理職からのトップダウンで大きくしかも短期間で変わった学校もありますが、いい支援を生み、いいシステムを築き続けるためにも、教師の思いが重要です。そして、同じような思いを抱いている仲間を見つけ、お茶のみ話から学年会や生徒指導部会のような場の話題にしていく、個人や学年任せではなく、教員集団全体がバージョンアップしてこそ、多様な生徒を支援できるのではないかと発

図7　丁寧の中身を明確にする

していくことから始まります。

## ビジョンとプラン

　第4章の五一高や第5章のB校のように、支援ニーズのある子が入学していることを認識している教員集団であっても、具体的な支援が十分とはいえない学校は多いものです。SCが個々の子どもをよく理解し、話を聴いてあげて、生徒に寄り添うかかわりを先生方に呼びかけたりすることもあります。

　もちろん、教育相談体制は重要ですが、子どもと丁寧にかかわる教師が多い私学で、さらに心に寄り添う等の情緒的なスローガンでは中身が共有されにくく、次に進まないことがあります。たとえば、対人関係に困難のある子どもに対し、共感的理解や傾聴では、効果がないばかりか、曖昧な物言いによって不安を高めることさえあります。

　そんな中、該当の分掌が、ビジョンを再確認し、プランをブラッシュアップする取り組みを始めます。個別の指導計画も書けばいいのではなく、思いや方針だけではなく、達成しうる行動目標を立てる必要があります。

　目標の立て方は、学習指導にも通底しますし、生活面の目標設定にも通じます。教師が的確な目標設定ができるようになると、自己目標を立て達成を目指して取り組む自己調整学習の指導や評価にも役立つはずです。

　指導しにくかった子の情報を整理するだけでなく、どう伸ばしたいのか、そのためにどういう指導が効果的なのかを議論し見いだし、それを学年団や校内で共有できるようになっていきました。そのような取り組みは、特別支援教育の枠を越えて、生徒指導や教科指導にも波及し、教育全体の質を高めることにつながります。そのようなビジョンをもって取り組めると意欲もわくでしょうし、持続するはずです。

## 支援される子の成長

　とはいえ、なんといっても教師のモチベーションを高めるのは、支援した子どもの成長する姿です。だからこそ、実態把握を支援方法に結びつけることは重要です。

　私はよくその子の強みと伸ばしどころを見つけて支援することを「鉱脈を見つけ」「ツボを押す」と表現しますが、やり方を変えただけで見違えるほど伸びる姿に驚くことは珍しくありません。苦戦していた教師ほど、ツボを押せた体験は大きな喜びを生みますし、工夫することが楽しくなり、やみつきになることもあるくらいです。

　この成長が実感しにくい場合、心理尺度やチェックリストを使うのもいいかもしれません。第3章にはアセスメントを活用した実践が紹介されていますが、集団の状態を把握するために行う集団アセスメントを使って、個人の伸びや本人の実感を捉えるのも、教師の効力感を高める一助になるでしょう。

## 私学の特別支援教育はウリになる

　少子化の中、受験者数、入学者数を確保するのは、私学の経営にとって抜き差しならない問題です。地方の私学にとっては、なおさらのことと思います。第4章の五一高では、特別支援教育の視点を活かした学校改革を続けたことによって、確かな成果を生んできました。

　前著では、私学にとって特別支援教育はウリにならない、内部で取り組んでいても口外することは、該当する子の入学を増やし、周囲の保護者を不安にさせる傾向は否定できないことに触れました。どの私学も特別支援教育は当たり前に取り組んでいる（標準装備）時代を目指せば、学校を選ぶ保護者や子どもたちがそれを評価する時代になるだろうと考えていました。しかし、本書において、ウリにしている学校も紹介でき

ることをうれしく思います。

　図8は、教科指導、生徒指導、校内体制の3つのテーマで、そこを中心にした実践を明示しました。そして3段階支援に当てはめて実践の特徴を示したところ、三次支援のニーズに気づいたところから出発する

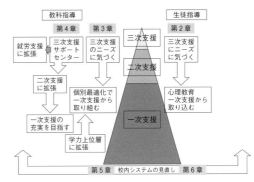

図8　特別支援の発展のあり方（本書における該当章を明記）

ものの、実践本体は三次支援（だけ）ではない取り組みだったことを示しています。これは、とりもなおさず、特別支援の対象の子にだけ、とってつけた別立ての支援をすればいいのではなく、集団の中で支援できること、それを追究することで、ほかの子へも還元され、集団の指導や校内体制自体がバージョンアップすることにつながることを示しているのだといえます。

　そして、何をきっかけに支援を開始するかは、学校によって違いはありますが、教育相談システムがある学校ほど、それを柔軟に変更して、特別支援教育も含めた生徒指導、教科指導、キャリア支援につなげられていることも大きな要素になっていることも忘れてはならないでしょう。

（髙橋あつ子）

**本章のポイント！**

①教科指導も生徒指導も3段階支援モデルで充実をはかる

②法律や公立学校の当たり前を示して、標準モデルにする

③多様性対応を丁寧にやれるチャンスを生かす

④教育の質を上げる校内システムの整備

# コラム❷ 学校評価で子どもや 保護者の声を聴いていますか

　2006年の教育基本法改正により、2007年に学校教育法の一部改正が行われ、その第42条で学校評価に関する根拠となる規定が設けられました。学校の教育活動が客観的に評価されることをもって改善が進み、教育の質の向上を目指したものといえます。

　まず、教職員による自己評価を実施するとともに、その結果を公表することが義務とされています（第66条）。そして学校関係者の評価も義務化され、公表に努めることが第67条に定められました。多くの学校では、保護者などの評価をもって、「学校関係者評価」にあてています。さらには第三者評価も求められていますので、外部の有識者などを加えた協議会などを設置している学校も増えました。

　この学校評価の導入により定められたガイドライン[*1]には「国立学校及び私立学校については、設置者等に関する部分などその性質上あてはまらない記述について、適宜、取捨選択又は読み替えて活用いただきたい。」という記述があり、私立学校においては、取り組みにやや温度差が見られたのも事実です。

　当初より、公立学校でも趣旨は理解しつつも負担に感じ、「努力は評価されず不足だけが指摘される」面も危惧され、建設的な活用は課題でした。したがって私立学校の取り組みは、2006年の「学校評価及び情報提供の実施状況（平成18年度間調査結果）」時点でも、自己評価の実施は、公立学校が97.9％に対し、52.4％、外部評価の実施に至っては公立学校83.7％に対し、13.2％と低い状況でした。

---

*1　文部科学省「学校評価ガイドライン〔平成28年改訂〕」

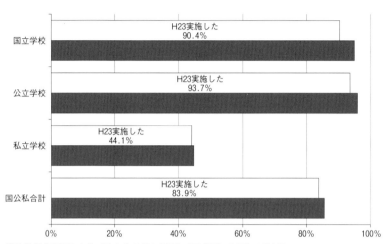

学校関係者評価の実施（法令上の努力義務）（平成23年度間との比較）
文部科学省「学校評価等実施状況調査（平成26年度間）結果」より

2014年（平成26年）の調査でも、とくに学校関係者評価の実施は追い
つかない状況です（上図）。

　加えて、調査では自己評価の実施にどのような指標を用いているか
も調査していますが（複数選択）、そこにおいても公立学校が「児童生
徒の意見聴取」「児童生徒に対するアンケートの結果」が27.8％、
77.3％に対し、私学は14.3％、17.9％という低さなのも驚きです。

　自分たちは質のよい教育を提供しているのだから、生徒の声を聴く
までもないという姿勢に読みとれなくはない結果です。

（髙橋あつ子）

# どのクラスでもすべての生徒が
# 対人関係面・行動面のニーズへの
# サポートを受けられる仕組みづくり

## ～心理教育プログラムの活用～

# 1 対人関係面・行動面のニーズに見え隠れする発達の特性

　どんな生徒も、学校生活の中で、対人関係面での問題や情動面や行動面での課題にぶつかりながら日々を過ごしています。筆者は私学の中学校と高等学校でスクールカウンセラー（以下、SC）として働いていますが、生徒たちからは対人関係の中での悩みが多く語られますし、先生たちからはクラスの友人関係や授業、課外活動の中で見られる生徒の問題行動等についてアドバイスを求められます。

　どの学校においても、人間関係の悩みは学校教育相談における重要なテーマですし、これから紹介する人間関係づくりなどの心理教育に取り組んでいる学校も少なくないと思います。第2章では、そこに「特別支援教育」の視点を取り入れるよさと、一部の心理教育にかかわるスタッフだけでなく、学校全体で教員団が取り組んだA校の実践を紹介します。

　生徒たちがもちこんでくる課題は、思春期ならではのものが満載です。中学・高等学校の教員ならば、そのような生き方に迷う時期の彼ら・彼女らに伴走することに惜しみない努力をする方が多いわけですが、実はその背景に発達の特性や特別な教育的ニーズが隠れている事例もしばしば見受けられます。

　たとえば、急に周囲の子どもがびっくりしてしまうようなかんしゃくを起こしてトラブルのもとになりがちだったり友だちが嫌な気持ちになるようなことを悪気なく言ってしまったりして友人関係の中で浮いてしまう生徒、あるいは場の空気が読めずに一斉指導にのれず教室のルールを守れない生徒、などです。

　また、いくら指導しても宿題を期日に提出できなかったり、授業中一切ノートをとろうともせず授業態度も教師から見ると学ぶ姿勢が感じら

れない、といった学習場面での行動に課題がある生徒もいるでしょう。

　しかし、そのような課題の背後にある発達の特性や発達障害という特徴を見抜いて理解し、指導や支援の仕方を変えることで、トラブルや問題行動が改善し、生徒の成長を促せることもよくあります。

## 2　支援ニーズが高い生徒への個別支援の難しさ

　しかし実際の現場では、発達の特性があり、支援ニーズの高い生徒がいつも適切な支援が受けられているかというと、必ずしもそうではありません。教員の知識やスキルには、経験の差や得意不得意によるバラツキがあります。発達の特性を見抜き、適切な対応ができる教員もいれば、そうでない教員もいます。学校の中で、生徒が困ったり保護者が困ったりしたときに、担任がそれを抱え込んでしまって支援が行き詰ってしまう、といったことが起こることもあります。

　担任はよかれと思って一生懸命指導をしていても、その生徒の特性理解が不十分で指導がずれてしまっているということも起こります。しかし、担任に知識や「見る目」がなくて適切な指導ができないということが起こっているとしたら、生徒の立場からすれば「あの先生が担任だったら適切な指導が受けられるけど、この先生が担任だったら適切な指導は受けられない」などというような「運・不運の問題」になってしまいます。

　あるいは、「発達障害」や「特別支援教育」と聞くと、私学では「この学校ではそのような教育的サービスは提供できない。そういう子どもにあった教育ができる学校に行ってもらうしかない」という発想にもしばしば遭遇します。しかしながら、発達の特性や発達障害は、どのよう

な学力レベルでも見受けられることはもはや常識となりつつあります。私学の入学選抜試験の成績とは関係なく、どの学校にも特性がある生徒が入学してくるのが現実です。そして、障害者差別解消法（正式名称は「障害を理由とする差別の解消の推進に関する法律」）の改正（2021年）により、私学においてはこれまで努力義務だった「合理的配慮」が義務化されました。今後はますます、どの私学においても特別支援教育の視点に立った合理的配慮が求められるでしょう。

　また、たとえ学校内で特別支援教育や合理的配慮を行っていこうという前提ができたとしても、「専門機関で発達障害の診断を受けているか、保護者や生徒自身に自覚があって障害を認めてくれていれば支援もできるが、そうでなければ支援は難しい」という声も耳にします。しかし、実際は特別支援教育に基づいた支援が必要だったとしても、病院や専門機関につながって何らかの診断や見立てをもらっている生徒ばかりとは限りません。

　また、保護者からも支援の要望があり教員側が個別に支援をしようとしても、生徒自身が「特別扱いをされたくない」等の理由で、個別支援を拒否する場合もあります。とくに中高生では思春期の心性と相まって、生徒自身がほかの生徒との「違い」を受け入れながら自己理解をして支援を積極的に受け入れていくということにも、難しさがともないます。

　このようにさまざまな要因が重なりあって、個別支援には難しさがあるのが現状です。しかしながら、学校生活の中でトラブルや問題が大きくなれば、私学の場合は、中学校でも退学という事態になりかねませんし、高等学校では留年や中退になるなどして、進路にも大きな影響が及びます。また、自分を理解してもらえず自尊感情や自己効力感が著しく低下してしまい、二次障害を引き起こすなど、思春期の人格形成に大きな足かせとなってしまうことも懸念されます。

　二次支援や三次支援のレベルで支援が必要な生徒がいても個別支援が難しい背景が絡み合ってそれが難しい場合、どうすればよいのでしょうか。たとえどの教員が担当しても、診断名があってもなくても、そして生徒本人に個別支援への抵抗感があったとしても、支援が届く仕組みをつくる必要があります。それには、クラスワイド（学級単位）、スクールワイド（学校単位）の一次支援に１つのカギがあると考えます。

## 3 どのクラスでもすべての生徒が対人関係面・行動面のニーズへのサポートを受けられる仕組みづくり〜心理教育プログラムの活用〜

　対人関係面や行動面での課題に対応できるスキルを身につけ、自分らしい能力を伸ばしていくことは、支援ニーズの高い生徒だけではなく、どの生徒にとっても大切なことです。そしてそれは、すべての子どもに向けた一次支援として必要なことでもあります。学習面だけでなく対人関係面や行動面での成長を促す教育をユニバーサルに提供できるということは、教育のアップデートとしてますます求められています。

　健康や適応問題の予防をするためにも、すべての生徒を対象とした予防教育の重要性が世界中で強調されています（山崎勝之ほか、2013）[*1]。多くの学校現場で、問題行動、いじめ、不登校などの学校不適応を予防し、子どもたちのソーシャルスキルや生きる力を育む予防的心理教育プログラムの導入が進められています。

　A校では、SCの赴任当初は、予防的心理教育の提案をしても、「何の効果があるのか？」という疑問の声もありました。また、自分自身が授業者となることに抵抗感を示す担任も多くいました。授業の到達目標や何が正解なのかがわかりづらい内容への戸惑いもありました。さまざまな業務に追われ時間や余力がないという現実もありました。しかし、幸

---

*1　山崎勝之ほか『世界の学校予防教育：心身の健康と適応を守る各国の取り組み』金子書房、2013年

い、指導熱心で面倒見がよく、生徒たちによりよいサービスを提供するということに前向きな教員が多かったこともあり、生徒の社会的情緒的な力を育てることの必要性については共感を得られました。そこで、心理教育を教育相談部の企画として位置づけて、まず初年度は、中学部3学年で同じ内容でよいから、全クラスでとにかく実施してみるということにしました。

そして、数時間分の内容を提案し、テーマによってSCも授業を行うことにしました。担任が実施する授業は、授業案を教育相談部で作成し、各学年の学年会で説明会を行って、ワークシートやパワーポイントなども共通のものを提供しました。学年会の中で意見を出してもらって授業案などの修正も行いました。授業後には、「授業で対人関係スキルを学んでも、すぐに友だち同士のいざこざは起こるじゃないか」といった即効性のなさへの不満も聞かれましたが、1年間何度か授業を行ううちに「はっきりとは言えないが、効果は感じる」という声が聞かれるようになりました。何度か授業の実践を体験するうちに「担任でもできる」、さらには「担任が授業をしたほうがよい授業もある」というふうに変わっていきました。また、教員が心理教育の効果を実感するようになるにつれて、クラス独自で心理教育を実施する担任も現れました。

徐々に教員たちがその効果を実感し、管理職にもその重要性が理解され、現在では各学年の担任団とSCが話し合いながら学年ごとの年間シラバスを作成し、担任も授業者となって、中学校の全クラスで実施しています（表1）。

教員に心理教育の効果についてインタビューをしてみると、「生徒の新たな一面が見られて生徒理解が深まった」という指導上のよい効果を感じていたり、「生徒同士で相手のことを気遣う場面が増えた」などクラスの対人関係面でのよい影響を感じていることがわかります。

入学したての中学1年生には、「コミュニケーション上手になろう～自分も相手も大切にする上手な気持ちの伝え方～」というテーマで毎年授業を行います。言葉の選び方や気持ちの伝え方によってトラブルに発展してし

**表1　年間シラバスの例**

年間シラバス例（中学1年生）

| | | 内容 | 実施者 | ねらい |
|---|---|---|---|---|
| 中1予防的心理教育 | 4月 | 上手な気持ちの伝え方（アサーション、win-win、ネットエチケット） | SC | 対人関係能力（意思伝達スキル＋他者配慮スキル） |
| | 5月 | その言葉で本当に大丈夫？～相手の気持ちを考えて上手にコミュニケーション～ | SC | 対人関係能力 他者理解 |
| | 6月 | クラスの雰囲気をあたたかくするために出来ることは何だろう | SC | クラスへの関与 対人関係能力 自己理解・他者理解 |
| | 10月 | いじめ予防教育（四層構造、仲介者になろう） | 担任 | いじめ予防 |
| | 11月 | 上手な気持ちの伝え方（謝り方編） | 担任/SC | 対人関係能力 自己コントロール |
| | 2月 | 友達の良いところを見つけてメッセージを送ろう～秘密の友達 | 担任 | 自己理解・他者理解 自尊感情 |

まった事例を示しながら、自分も相手も「win-win」の関係になれるようなアサーティブなコミュニケーションの工夫をしていくことの大切さを学びます。

　対人関係はいつもうまくいくことばかりではないが、関係の中でお互いに成長しあえる大切な仲間であること、そしてできるだけお互いが「にこ－にこ」＝「win-win」の関係になれるように工夫していくことが大切であることを学びます。この「にこ－にこ」＝「win-win」の関係というフレーズは、この後3年間を通してコミュニケーションスキルを学ぶ合言葉になるように、どの学年の教室にもつねにポスターを掲示するなどしています（図1）。

　このように、二次支援・三次支援ニーズをもつ生徒も、そうでない生徒も、入学当初から、友だちは関係の中でお互いに成長していく大事な仲間であるという理解を共有し、ソーシャルスキルのコツを学ぶことで、中1ギャップが発生しやすい新学期のトラブルなどが減少するようになりました。また、「win-win」の関係になるためにはどんなスキルが必要かといった、その後の心理教育プログラムに対する生徒のモチベー

ションにもつながっています。

　毎年3学期に、この1年で学んだ心理教育を振り返るアンケートを生徒たちに行うと、授業の内容を覚えていて、日常生活にも活かしている様子が見えてきます。「友だち関係

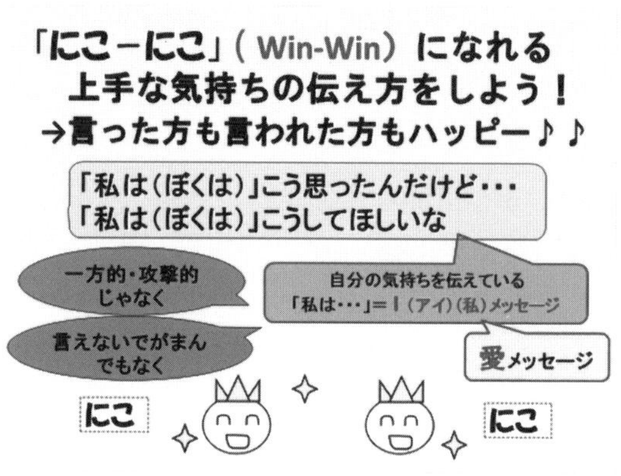

図1　心理教育ポスター例

でどうすればよいのかわからなくなったとき、win-winの関係になるには？と考えることができた」「つい悪い言葉を使いそうになったとき、少し立ち止まって考えてみて、違う言葉を使うことができた」「部活や学校、親との会話のときに使わせてもらっている」などといった感想が多くの生徒から聞かれます。

　次に、発達の特性がある生徒の二次支援・三次支援的なニーズを一次支援で支えた具体的な事例を示します。

## 事例1：対人関係トラブルが多い学年からの要望―一次支援をしながら二次支援・三次支援も

　ある年、発達の特性がある生徒の割合が他学年よりも多い学年がありました。とくに対人関係面での特性が見受けられる生徒が複数おり、言葉によるコミュニケーションが苦手で衝動的に手が出てしまうタイプや、教室で不適切なコメントをしたり不用意に物音をたてることが多いタイプなどが混在していました。そのため、対人関係トラブルが多発して、全体的に落ち着きがない状態になりがちでした。中学2年生になると、

お互いに自我が発達する時期でもあり、ぶつかり合いもさらに増えていきました。そんな折、学年主任からSCに「この状況を改善したい」という相談があり、特定の生徒の「怒りの感情のコントロール」のスキル不足が課題として上がりました。SCから見ても、明らかに特性のある生徒でしたが、その生徒だけを取り出して支援をするには至っていないケースでした。

　そこで、この学年については、「感情」に焦点を当てた心理教育をより丁寧に行う方針を立て、まず「自分の気持ちを上手に落ち着かせよう」というテーマで授業を行いました。イライラしたときや怒りで切れそうになったとき、落ち込んだとき、やる気が出ないときに、どのように気持ちを落ち着かせることができるか、具体的なスキルを示して練習をするという授業です（図2）。

**自分の気持ちと上手につきあおう！**
**一人一人ができることを考えよう！**

**イライラしたとき、怒りで切れそうになったとき、**
**落ち込んだときや、やる気が出ないときも…**

**5つの気持ちの落ち着かせ方**
自分にあったものを使おう！

①深呼吸　　②カウントダウン　　③その場から離れる

④心地よいイメージ　　⑤自己会話

図2　「自分の気持ちを上手に落ち着かせよう」授業スライド

　さらに修学旅行を目前とした時期には、「怒り・不安を落ち着かせて、冷静に話そう」というテーマで授業を行いました。授業の導入では、「楽しいはずの修学旅行でも、ときには、もめたり、自分の思い通りにいかなかったり、嫌なことを言われるなど、うまくいかないことも起こってしまうかも……」と呼びかけます。「そんなときに、怒りにふりまわされず上手に気持ちを落ち着けて、冷静に相手に気持ちを伝えるワザを身に付けよう！」と動機づけました。

そして、「心の信号機」というたとえを使って、「赤：いったん止まれ→気持ちを落ち着かせる」「黄色：よく考えよう→相手の事情も考えてみよう」「青：やってみよう→一番いいと思う方法で自分の気持ちを伝えて

**冷静に気持ちを伝えるワザ**
**ステップ１．２．３．「心の信号機」**

ステップ１．
止まれ・・・気持ちを落ち着かせる

ステップ２．
よく考えよう・・・相手の事情も考えてみよう
ひょっとしたら　　もしかしたら

ステップ３．
やってみよう・・・一番いいと思う方法で
自分の気持ちを伝えてみよう

図3 「怒り・不安を落ちつかせて、冷静に話そう」
授業スライド

みよう」というステップにして示しました（図3）。その後、起こりがちな事例を具体的に示して、衝動的な行動のリスクやそれをどうコントロールしてコミュニケーションをとったらいいのか等について、自分のこととして生徒たちに考えさせました。

　これらの授業やそれを基にした事後の指導によって、支援ニーズの高い生徒が自分に必要なスキルを学ぶのと同時に、クラスメイトのソーシャルスキルも上がります。そして、学級風土が受容的で柔軟性のあるものになり、支援ニーズの高い生徒が育つ環境を整えることもできました。一次支援としての予防的心理教育を行うことによって、同時に二次的・三次的支援が必要な生徒への効果的な支援も可能になったのです。

　これらの取り組みも影響したのでしょう、修学旅行は大きなトラブルなく実施することができました。そして特性のある生徒に対しても「その子らしさ」として周囲の生徒が理解し受け入れている関係性が築かれており、高校生になって外部生が入学してきた後も、特性のある生徒の成長が支えられている様子がうかがえました。

## 事例 2 :「困った行動が多いクラス」への対応から全学年に広がった PBIS 的な心理教育─「態度」ではなく「行動」をみる視点の教育効果

　私学では、中学校でも学力別クラス分けがある学校もあるかと思います。そのため、クラス間で生徒の質や学級風土に差が生まれやすく、教員側からすると指導に難しさを感じたり、学力下位クラスの生徒たちに劣等感が生じて自己肯定感が低下する傾向が生まれてしまったりすることもあります。

　ある年の中学 1 年生の学力下位クラスには、多動の生徒や教員の指示に従わない生徒、授業の邪魔をしてしまう生徒等が複数おり、担任は学級経営に困り果てていました。そのクラスでは多くの授業で教員からの叱責が多くなり、問題行動を起こす生徒もそれ以外の生徒も、自己肯定感や自己効力感が低く、「どうせ自分たちはダメだから」という発言も聞かれるようになっていました。

　問題行動の多い生徒たちの中には、ADHD 傾向や ASD 傾向などの発達の特性が伺われる子もいました。その中には、小学生のときに診断が下りている生徒もいました。しかし、それらの生徒たちは教師の指導に抵抗や反抗を示しがちで、個別指導や支援が入りにくい状況にありました。

　そこで、特性のある生徒への支援ニーズを感じた SC の提案で、特別支援教育の専門家を招いて授業観察をしてもらい、コンサルテーションを受けました。そこで提案されたのは、個別の指導や支援ではなく PBIS の考え方によるクラスワイド及びスクールワイドの支援でした。

　PBIS とは Positive Behavioral Interventions and Supports の略で、「ポジティブな行動介入と支援」と訳されます。応用行動分析の理論がベースで、「望ましい行動」を増やすことで結果的に問題行動も減少さ

せるという考え方です。

　たとえば、まずクラス全体で「ありたい姿」や「大切にしたい価値観」を話し合い、そのための具体的な「よい行動」を挙げてチャート（表）にし、学校生活の中で「よい行動」を目にしたら「ポジティブカード」などのご褒美を先生が生徒に与えたり、生徒同士が交換するといった取り組みを行います[*2]。

　発達の偏りがあり、問題行動をしがちな生徒への指導がなかなか上手くいかない要因として、「だらしがない」「しっかりしましょう」など抽象的な「態度」を示す指導が多く、生徒に上手く伝わっていないということがあげられます。そういった場合、たとえば「掃除をきちんとしましょう」といった指示ではなく、「決められた範囲を雑巾でふきましょう」のように、望ましい行動を具体的に示すことが効果的です[*3]。

　PBISの取り組みでは、「どうあってほしいか」「どういう行動をとるべきか」ということをはじめから明らかにしておきます。教育の目標である価値を子どもが実現するための具体的な「望ましい行動」を示すのです。たとえば、「責任をもつ」ために教室では「課題に集中する」、図書室では「静かに本を読む」といった具合です。ほかにも、たとえば「相手を尊重する」ために教室では「発言している人の話を聞く」、廊下では「あいさつを自分からする」等もあります。そして、「望ましい行動」ができたらカードや賞状などの目に見える報酬を与えます。

　A校でPBISについての研修を行った際に、「物を与えてほめるのには抵抗感がある」という声が一部の教員からあがりました（コラム❹も参照のこと）。また、聞きなれない横文字の指導法に抵抗感を示す教員もいました。しかし、とくに困っている中学1年生の状況を学校全体で共有し、「とにかく今できそうなことをやってみよう」という管理職からの声かけのもと、PBISを参考にしたA校版の授業案を作成して中学校の

*2　栗原慎二『ポジティブな行動が増え、問題行動が激減！ PBIS実践マニュアル＆実践集』ほんの森出版、2018年
*3　三田地真実・岡村章司『保護者と先生のための応用行動分析入門ハンドブック―子どもの行動を「ありのまま観る」ために』金剛出版、2019年

全学年で試みることになりました。

　まず、生徒たちに「自分がありたい姿」をイメージしてもらうために、3学期のはじめに「どんな〇年生（次年度の学年）になりたいか」「そのためにはどんな行動をする必要があるか」を聞くアンケートをとりました。そして、担任に自分のクラスの生徒の回答から「態度」ではなく「行動」を表す言葉をピックアップしてもらい、「責任をもつ」「相手を尊重する」「安全を守る」の3つの価値に基づいて分類してもらいます。

　そして、実際にいつその行動をするのか、「授業中」「休み時間」「放課後」に分けてマトリックスにして表にしてもらいます（表2）。クラスによっては、この行動表を作成する作業を生徒たち自身にやってもらいました。

表2　なりたい自分になるための行動表例

なりたい中2生になるための行動（例）

|  | 授業中 | 休み時間 | 放課後 |
|---|---|---|---|
| 責任をもつ | ・先生の目を見て授業を受ける<br>・積極的に手を挙げる<br>・課題は期限内に提出<br>・先生の指示に従う | ・席の近くのゴミを拾う<br>・自分のゴミを捨てる<br>・机上の整理整頓<br>・次の授業の準備をする | ・その日の授業の復習をする<br>・次の日の授業の予習をする<br>・決められた通学路で帰る |
| 人を尊重する「リスペクト」（敬う） | ・姿勢を正して先生の話を聴く<br>・発言した生徒に拍手する<br>・相手の話を最後まで聞く | ・先生や友達にあいさつを自分からする<br>・思いやりのある言葉で話す | ・掃除を手伝う<br>・職員室では敬語でていねいに話をする<br>・下校時に警備所の人にあいさつをする |
| 安全を守る | ・席を離れる時はイスをしまう<br>・机の横に必要のない物をかけないでロッカーにカバンを置く | ・靴ひもをしっかり結ぶ<br>・廊下は静かに歩く | ・決められた通学路を歩く<br>・下校時間を守る<br>・公共のマナーを守る |

　各クラスの行動表ができたら、毎朝の学活時に、各自、生徒手帳の毎日のふりかえり欄を使って前日の行動のふりかえりをします。3つの価値のうち、それぞれ自分がどれくらい達成できたか、〇△×で自己評価をします。そして、具体的にどのような行動をしたか発表もしてもらいます。そして担任から見て、毎日5人程度の「よい行動」をピックアップしてほめます。担任はあらかじめ教科担当の教員に、自分のクラスの生徒のよい行動について聞き取りをしておき、ほかの教員からの評価も入れました。こうすることによって、教員同士の交流も促進されました。

　生徒たちからすると、多くの先生に認めてもらえているということが

意識できます。また、クラスによっては、日直の生徒がよい行動をしていた生徒を発表するという取り組みも行いました。

　生徒たちからは、「いつもはできていないことに挑戦できたのでよかった」「目に見えやすい形で自分を見つめ直せるので、この活動は続けてみたい」「どんな自分になりたいのか明確にできたし、その姿に近づくことができてうれしかった」「クラスの雰囲気がよくなった」などの肯定的な感想が多く聞かれました。また、今まであまり発言しなかった生徒が発言するようになったり、先生に敬語を使うようになったり、チャイム着席が守られるようになったりと、具体的な行動の変化が頻繁に見られました。

　そして、当初課題が大きかった中1の学力下位クラスでも、支援ニーズが高い生徒も含めてクラス全員で具体的な行動に取り組み、自然と「認められる・ほめられる体験」が増えました。また、お互いにモデリングもしやすく、自分自身が目指す上級生像という形で「自分がこうなりたい」という内発的動機づけの向上を促すことができました。

　もう1つ、この取り組みを行うことでの大きな成果としては、教員側が生徒に対して、あいまいで主観的な「態度の評価」ではなく具体的で客観的な「行動の評価」をすることによって、生徒をほめることが増えた、ということがあげられます。問題行動が多かった生徒に対しても、行動の変化を促し評価することで、生徒側も教員側も実感を伴って「ほめる」ことができるようになりました。このことは、その後の学校全体の二次支援・三次支援にも、よい効果を生むことにつながっていったと考えられます。

## 二次支援・三次支援のニーズが一次支援を変える⇔一次支援が二次支援、三次支援を変える

　上記2つの事例では、発達の特性をもつ特定の生徒や特定の問題への解決への援助（三次支援）、もしくは潜在的問題や顕在化しはじめた問題への対処（二次支援）が必要なときに、個別支援は難しくても、すべての生徒のニーズにも応じる一次支援に注力することによって、結果的に二次支援、三次支援も同時進行していく、ということが起こりました。特定の生徒の日常的に顕在化しているニーズに直接的にかかわることに難しさがあっても、全体に向けて予防的でポジティブな支援としてかかわることで、さまざまなよい効果が生まれました。

　二次支援、三次支援のニーズがあったからこそ、一次支援の必要性も高まり、生徒も教員も予防教育への動機づけが高まりました。また、このような経験を経て、二次支援、三次支援が必要な生徒に担任だけで対処するのではなく、学年や学校全体で共有して対応するという土壌も生まれました。

　また、心理教育のテーマである対人関係面や情動面、行動面でのスキルや価値を学ぶことで、そのまま特別支援教育の基本的な考え方や態度を生徒も教員も一緒に学んでいくことができます。心理教育をスクールワイドに行うことによって、特別支援教育のエッセンスが、自然と学校風土として醸成されていくのです。対人関係面のスキルや情動面のコントロール方法、自分自身の目標のために「態度」ではなく「行動」に落とし込んで成長していくという考え方などが、広まっていきました。

　その結果、視野に入れていたニーズのある生徒の行動変容が起こっただけでなく、周囲の生徒との関係を耕すことでお互いに助け合えるピアサポートも学級内に生まれて、安定した学級風土づくりにつながりました。

生徒も教員も、一次支援としての対人関係や行動についての発達支持的、予防的心理教育を行っていくことによって、学校全体の二次支援や三次支援のあり方も変わっていったのです。

## 一次支援をスクールワイドにしていくコツ―ボトムアップで教員を巻き込みながら、トップダウンで定着させる

　すべての生徒を対象とした対人関係面や行動面の予防教育を行うことは、多くのメリットを生み出します。しかし、あるクラスだけ、ある学年だけ、というように一次支援が一時的・限定的になってしまう場合もあるかと思います。「どのクラスでもすべての生徒が対人関係面・行動面へのサポートを受けられる」という体制を創るためには、一時的・限定的な一次支援ではなく、学校全体で継続的なスクールワイドな一次支援にしていかなければなりません。

　生徒たちの対人関係面や行動面でのトラブルや問題が起こったときに、そのクラスに直接かかわる担任や教科担当の教員は問題意識をもちます。学校内で予防教育を根づかせるには、まずは問題意識や困り感をもった教員が主体となったり、そういった教員を巻き込んだりしながら実践を広げていくことが大切です。しかし、問題意識をもった教員だけの実践になってしまうと、一時的・限定的なものになってしまう危険性があります。

　そこで、大切になってくるのが、管理職にも予防教育の大切さを理解してもらい、トップダウンで学校としての取り組みにしていくことかと思います。生徒たちの「社会情動的スキル」または「非認知能力」がアップすることは、学力面や将来にわたる生きる力にも好影響を及ぼします[4]。新学習指導要領でも重視されている3つの柱の1つの「学びに

---

*4　「社会情動的スキル」は「非認知能力」ともいわれ、感情のコントロール、他者との協働、目標の達成等といった力を指す。OECD の研究では、「社会情動的スキル」の2つの特徴として、社会情動的スキルは生涯を通じて発達させることができるということ、社会情動的スキルは認知的スキルを支えると同時に、認知的スキルに支えられてもいるということがあげられている（経済協力開発機構（OECD）編著、無藤隆・秋田喜代美監訳『社会情動的スキル　学びに向かう力』明石書店、2018年）。

向かう力・人間性等」は、まさに予防教育のターゲットです。また、私学ではそれぞれの学校としての経営理念や経営方針がありますが、それに寄与する形で一次支援としての心理教育などの予防教育が取り入れられるといいでしょう。

　学校全体のシステムとして実施し持続させるためには、生徒たちと日々直接接する教員が主導するというボトムアップの側面と、教員の問題意識や専門知識などの差に関係なく学校全体での実施を促す管理職のリーダーシップというトップダウンの側面の両方が必要です[*5]。

## どのクラスでもすべての生徒が「学習面」のニーズへのサポートを受けられる仕組みづくりの必要性

　発達の特性や発達障害のある生徒が学校で出会う困難は、対人関係面、行動面の困難のほかに学習面の困難があげられます。学習面での困難は、学級内での行動や対人関係面にも大きな影響を与えていますし、学習面での困難が改善され克服されていくと、生徒の心理的社会的な QOL（Quality of Life：人生・生活の質）も向上します。

　1人ひとりの特性や学習進度に応じた指導、生徒自身が「学びのエキスパート（自分の得意な学習方法で自分自身で選択しながら学び続ける学習者）」になるための指導がこれからの教育には求められます。それには、目の前の生徒たちの特性を理解し支援する力量が求められるわけですが、学習面でも「個別支援の難しさ」があるのも現状です。

　学習面での困難に対しても、担任や教科担当教員だけが抱え込むのではなく、学年や学校で共有しながら対応していくことが大切です。また、特別支援教育の知恵を、限られた生徒の二次支援、三次支援だけでなく

[*5] 学校に予防的心理教育を定着させるために必要な手続きや着眼点について、小泉は「アンカーポイント植え込み法」を提言している。学校システムレベルで定着させていくためには、実施の形態（トップダウン型、ボトムアップ型）、管理職のリーダーシップ、コーディネーター的教員（推進役教員）、SELプログラムの選定と構成、学級・学年単位の試行、カリキュラム構成と評価、取り組みの体制（組織づくり）、教職員研修、環境づくり、家庭との連携、といったポイント（アンカーポイント）をあげている（小泉令三「社会性と情動の学習（SEL）の実施と持続に向けて―アンカーポイント植え込み法の適用―」『教育心理学年報』55、2016年、203〜217頁）。

一次支援としても活用していけるようにすることも大事でしょう。ユニバーサルデザインやインクルーシブ教育、特別支援教育の考え方や手法を取り入れながら、どのクラスでもすべての生徒が学習面のニーズへのサポートを受けられる仕組みづくりが必要です。そのためには、発達の特性からくる学習面でのニーズをいち早くピックアップする相談体制づくりや、特性やニーズに応じられる知識や技量を教員間で醸成していかなければなりません。

　私学にはその学校がもつ特徴がそれぞれにあります。今後、私学がそのような体制をつくっていくためには、その学校の特徴や文化に合った形での上記のようなシステムの構築が肝要かと思います。

（鈴木水季）

**本章のポイント！**

①支援ニーズのある子どもへの気づき
②学校の強み「心理教育」を活用する
③一次支援と支援ニーズのある子への支援をつなぐ
④行動面の支援も PBIS の取り組みと統合する

# PBIS

　PBIS（Positive Behavioral Intervention & Support）は、まだ日本では聞き慣れない言葉かと思います。問題行動の指導といえば、日本でもコトが起こってから、行動を減らすために、注意、警告、ときには謹慎などの罰を与える指導が繰り返されてきました。アメリカでも、その象徴的な指導としてゼロトレランスによる指導があげられますが、厳罰主義による弊害も指摘されていました。これらは、すべて、リアクティブ（事後）な対応といえます。

　これに比して、PBIS は、プロアクティブな指導で、子どもの望ましい行動を増やし、望ましくない行動を減らすための行動介入を指します[*1]。学校環境を整備することによって、問題行動を予防するだけでなく、望ましい行動を育てていける介入方法です。このポジティブな行動介入は、行動だけでなく学業にも成果をあげたため、全米各地で広がりを見せ、2013年時点でも14300校にのぼるほど、支持された介入方法ともいえます。

　日本でも、学級レベル（クラスワイド）、学校全体（スクールワイド）で取り組みが広がり、地域レベルで取り組むところも出てきています。

（髙橋あつ子）

---

＊1　George SUGAI・渡辺弥生・島宗 理「子どもたちが健やかに成長する学校環境」『教育心理学年報』53、2014年、184〜187頁

第**3**章

# 1人ひとりの生徒へ
# 学習面の支援を保障する

## ～ICT を活用した授業改善と
## 2E ミラーモデルの援用～

前著『私学流　特別支援教育』で校内委員会を新たに立ち上げた事例として採り上げられたD校のその後を紹介します。2012年に校内委員会を立ち上げた当初は対人関係面・行動面の支援が中心でしたが、少しずつ学習面の支援が増えていきました。生徒が1日で最も多くの時間を過ごすのは授業ですから、それは自然な流れであったと感じています。特別支援教育の視点を活かした個別的な支援を積み重ねることによって、学習面の支援がどのように進んでいったかを紹介します。

　確かに文部科学省による調査に見られるように、私学における特別支援教育は立ち遅れが目立っています（序章参照）。しかし、異動がない教員団、ICTの積極的な活用など、「面倒見のよさ」や「丁寧な対応」を大切にしている私学には固有の強みがあります。新型コロナウイルスが猛威を振るって通常の学校生活を行えなくなった際にも、いち早くオンライン授業に取り組むなど、私学の学びを止めない取り組みが目立ちました。

　本章では、学習面の支援に焦点を当てながら、私学だからこそ展望できる特別支援教育の一歩先を一緒に考えていきたいと思います。

## 1 校内委員会の構成と学習面の支援

　D校は学年担任団が3年間持ち上がるなど、学年主体の学校運営スタイルが特長です。学年担任団は教員のみで構成されるため、3年間の持ち上がりで継続して生徒を育めるよさがある一方で、特別な支援が必要な生徒に対するチーム支援を十分に行えない場合がありました。そこで、カウンセラー、看護師、スーパーバイザー（外部専門家）などの学校内外のさまざまな専門家で構成された校内委員会が立ち上げられました（図1）。

　個別支援は、生徒、保護者、教職員のいずれか（3起点）からの要請に応じて開始し、支援が必要な分野に応じてチームが編成されます。コーディネーターは、一般的にはチーム支援の調整役を担うことが多いですが、

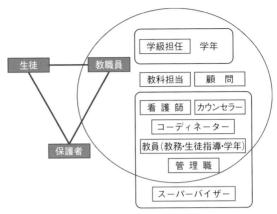

図1　校内委員会の体制図

多くの学校と同様にD校では教員がコーディネーターを担当しているので、本章のテーマである学習面の支援が必要な場合、生徒や保護者に対する個別支援も担当します。

　学習面の支援は、図2の流れで進みます。中学生では担任が支援の必要性に気づいて校内委員会へ要請する場合が多く、高校生になると本人が支援を要請する場合が増えてきます。初回の面談では、保護者との面談を行い、本人理

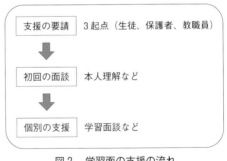

図2　学習面の支援の流れ

解、支援ニーズの把握、目標の設定、当面の支援内容と合理的配慮の検討などを行います。2回目以降は本人を対象とした個別支援を進めます。学習面談を継続して、本人の強みを活かして弱みを補う学習方法の工夫を進め、必要に応じて合理的配慮の提供も検討します。

　支援が必要な教科が数学の場合、筆者の担当科目なので、教科内容の

支援も行います。たとえば、図3は言葉で考えるのが得意であることを活かして、数学の公式を保持するために作成したプリントです[*1]。教科書では2点間の距離の公式について、公式の導出の後に公式が書かれています。しかし、それだけだと

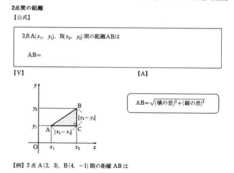

図3　学習面談で作成したワークシート

頭に入れにくいため、視覚的な手がかり【V】と聴覚的言語的な手がかり【A】をバランスよくまとめて、公式を保持しやすくなるようにしています。

　「授業についていけない。板書をノートに写すので精一杯」という話もよく寄せられます。授業で先生の説明を見聞きして、自分の頭で考えて理解して、板書をノートに写して、問題演習をノートに解くという一連の活動をこなしきれないというものです。

　いわゆるトークアンドチョークと呼ばれる従来型の授業方法では、生徒はこれらの一連の活動を上手に使いこなす必要があり、それができないと、肝心の自分の頭で考えて理解するのを断念して「せめて（消されてしまう前に）板書をノートに写す」ことに割りきってしまうのです。しかし、このような場合、合理的配慮として板書を写真に撮る方法があるのですが、「周りの目が気になる」との理由から、写真に撮る話は進まないこともよくありました。

＊1　一ノ瀬秀司ほか「私立高等学校における特別支援教育－私立進学校における学業達成へ向けての支援の３段階－」LD学会第26回大会、2017年

# 2 ICTの環境整備と授業方法の改善

　筆者は校内委員会での個別の支援を重ねるにつれて、これまでの自身の授業方法の課題にも気づくことができました。授業を見聞きするのに専念したほうが学びやすい生徒のために板書を写さなくてもすむようにできないか、図表や言葉を加えて幾通りかの説明をしたほうが多くの生徒が理解できるのではないか、人に説明したほうが思考をしやすい生徒のために誰かに説明する時間が必要ではないかなど、1人ひとりの学び方の違いに対応できるように授業方法を改善する必要性を感じるようになりました。

　折しもD校では、2018年度に1人1台のタブレットが導入され、ICTの環境整備が進みました。これまでの授業方法を見直すいい機会でしたので、積極的にICTを活用することにしました（表1）。

　授業のはじめのめあての提示は、これまで

表1　板書へのICTの活用

| 授業の流れ | 従来 | 改善 |
| --- | --- | --- |
| 目標の提示 | 口頭での提示が中心 | 予め作成したスライドを提示 |
| 新出内容の説明と活用 | トークアンドチョーク | 予め作成したスライドを用いて説明・解説 |
| まとめ | 教師が板書を工夫してまとめ | 生徒が自分の言葉でまとめ |

は口頭で示していたため、何となく流してしまっていました。それをスライドにすることによって、本時のめあてを短時間で明確に生徒に示せるようになりました（図4）。また、「理解する」などの目標から、達成したかどうかわかる目標に変えていきました。

　新出内容の説明と活用は、これまでは、いわゆるトークアンドチョークだったので、見たり聞いたり考えたり書いたりといったさまざまな活動を要請される負担感を改善し、考える活動を優先する必要がありました。そこで、説明スライドを生徒の手元のタブレットに予め用意してお

き、授業ではそれに書き込むようにしました。図4と図5は、無理数を数直線に表す問題を扱ったときのスライドです。説明スライドは、Google Classroom で前日に配信しているので、生徒は板書をノートに写さなくても問題を手元でも見ることができます。授業中は、ロイロノート（株式会社 Loilo）を用いて黒板に投影し、タブレットに書き込みながら説明を進めます。黒板に問題を書く時間を減らせるので、その分、説明を丁寧にすることができる

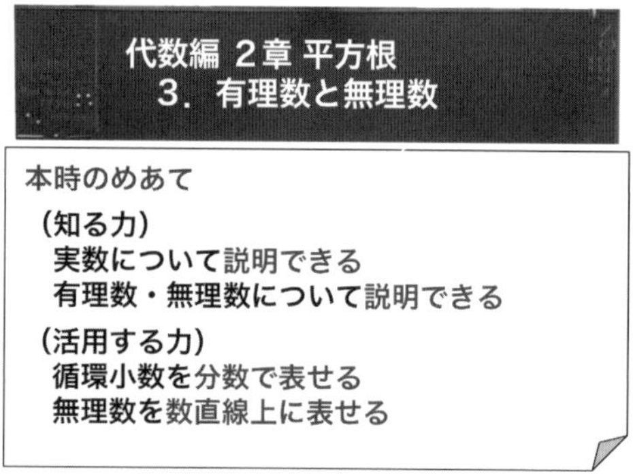

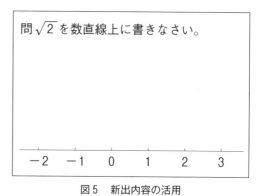

図4　目標の提示

図5　新出内容の活用

ようになりました。記入後のスライド（図6）は、授業後に Google Classroom で配信するので、生徒は自分のやりやすいやり方で授業を受けます。説明を見聞きしながらノートをとりたい生徒は従来通りノートをとりますし、ノートをとるよりも考えることに集中したい生徒はポイントだけをノートにとっています。

　授業の最後のまとめは、これまでは私が板書するまとめを生徒がノートに写すというやり方でした。しかし、このように生徒が自分のやりやすいやり方で授業を受けるようにしてからは、最後のまとめも生徒に委ねるようになりました。図7は、年度はじめに生徒に示している「学び

のピラミッド」です[*2]。受け身で学ぶよりも能動的に学ぶほうが効果的に学べることを折に触れて強調し、授業のまとめも人に説明することを推奨しています。

　このように、ICT を活用することによって、以前のトークアンドチョークよりも生徒が自分にあった学び方を選べるようになりました。学習面談で話題にして頓挫した、板書を写真に撮るという合理的配慮も、授業後に板書を Google Classroom で配信（図 8）することによって、必要であれば誰でも見ることができるようになりました。これは、特別支援教育の基礎的環境整備（誰でも利用できる環境が整う）が進むと、合理的配慮（特定の生徒が保障される方法）がなくても対応できる事例の 1 つとして捉えることができます。

　しかし、これらの工夫も未だ教師主導の一斉授業から抜け出ているわけではな

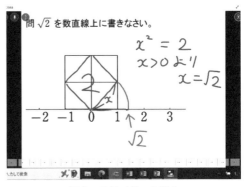
図 6　スライドへの記入

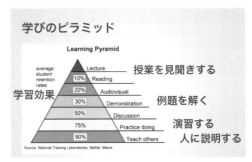
図 7　学びのピラミッド

図 8　黒板へ投影したスライドの配信（Google Classroom）

---

[*2] National Training Laboratories, Learning Pyramid（https://drwilda.com/tag/national-training-laboratories/）2022 年 10 月 18 日閲覧、日本語の加筆は筆者。

く、1人ひとりの生徒の学びをきめ細かくみているとは言い難いところがあります。次節では、ICTを活用した補習授業など、1人ひとりをよりきめ細かくみるためのさらなる工夫を紹介します。

## 3 ICTを活用したさらなる工夫 −2Eミラーモデルの援用

1人ひとりの生徒の学びの個性に注目するにつれて、教師主導の一斉授業の限界を感じるようになりました。生徒の修得状況はさまざまで、計算の手続きを修得するのに時間がかかる生徒がいる一方で、学習内容の修得が良好で発展的な内容にチャレンジしたい生徒もいます。

図9は、2Eのミラーモデルです（松村、2016[*3]）。特別支援教育というと、とかく学習内容の修得が難しい生徒に目が向けられがち

2E教育（twice-exceptional）
　①才能に応じる才能教育
　②苦手に応じる特別支援教育

RTI（Response to Intervention）
　通常学級で3段階の支援

2EのRTIモデル
　RTIに才能に対処する
　モデルを統合

図9　2Eのミラーモデル

ですが、このモデルではギフテッドなどと呼ばれる子どもたちが持ち合わせた才能を伸ばすことにも注力しています。このモデルに出会い、筆者は、1人ひとりをきめ細かくみるためのいくつかの取り組みを始めました。

まず、AI教材を活用した補習授業の取り組みです。AI教材を用いた補習授業では、生徒は自分のペースで学習を進めます。誤答に応じて類題が示されるので、生徒は効率よく学習を進められるという特長があります。内容を教える（ティーチング）はAI教材が担いますので、教師は補習授業の進行と生徒へのアドバイス（コーチング）を担います。補習授

＊3　松村暢隆「2E教育の動向、意義と可能性」日本LD学会公開シンポジウム（大阪、2016年）をもとに筆者作成

業の進行では、授業のはじ
めに目標を設定する機会を
設け、途中休憩のタイミン
グをリードし、最後に振り
返りを行います。図10は、
AI教材を用いた補習の様
子です。ここでポイントと
なるのは、孤独な学習にな

図10　AI教材を用いた補習の様子

らないような場の設定です。目標の設定、1人ひとりへの声かけ、振り
返りの機会の設定と全体へのフィードバックなど、みんなで取り組む場
づくりが大切になります。
生徒へのアドバイスでは、
AI教材の特長である詳細
な学習ログを活用します。
図11は、AI教材スマイル
ネクスト（株式会社ジャスト
システム）の教師用画面です。

図11　AI教材の学習ログ

1人ひとりの生徒の取り組んだ問題について、正答率、問題別の正誤が
把握でき、机間指導や短時間での学習面談で活用しています。

　AI教材を用いた補習授業では、生徒は短時間で多くの問題に取り組
めるので、既習単元を効率よく復習できます。D中学校2年生12名を対
象として、放課後に6回のAI教材「Qubena」（株式会社COMPASS）を
用いて行った補習授業の効果測定の結果です[4]。計算分野と関数分野の
どちらに取り組むかを選び、初回（pre）と最終回（post）に、両方の分
野のテストを行いました。図12は、関数分野の得点の変化を、関数分野
を選んだ5名と関数分野を選ばなかった（計算分野を選んだ）7名に分け

＊4　一ノ瀬秀司、篠ケ谷圭太「人工知能教材とルーブリックによるアダプティブ・ラーニングの効果―
　　数学の学力・学習力の変化に着目して」日本教育工学会第35回大会、2019年

て、箱ひげ図にしたもので
す。平均点に加えて四分位
数もすべて上昇しており、
AI教材の効果を見てとる
ことができます。

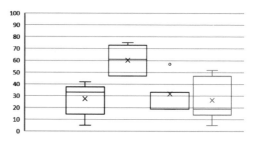

図12　関数分野の小テストの得点の変化

表2　拡充講座の流れ

| 回 | 内容 | 備考 |
|---|---|---|
| 第1回 | ガイダンス | 講座のめあてと各回の内容を説明 |
| | ストーリーサークル | 事前に作成したマインドマップを2人1組で説明 |
| | 再構成 | マインドマップを追記・修正 |
| 各自準備 | デジタルストーリー作成 | ロイロノートを用いてナレーション入りのスライドショーを作成 |
| 第2回 | ストーリーサークル | デジタルストーリーの上映会 |
| | 全体まとめ | 講座のふり返り |

　次に、発展的な内容に
チャレンジしたい生徒を対
象とした拡充学習です。こ
こではD中学校の2年生6
名を対象として行った講座
を紹介します。授業の流れ
は表2の通りです。対話
（ストーリーサークル）を重ね
ながらデジタルを活用して
ナレーション入りのスライ
ドショー（デジタルストーリー）を作成するデジタルストーリーテリング*5と呼ばれる手法を用いて、単元「円」のまとめを行いました。

　第1回は、ガイダンスの後、事前課題として作成したマインドマップを2人1組で説明しあい、
その後、マインドマップを
再構成しました。

　そして第2回までの準備
として、ロイロノートを用
いて、マインドマップの画
像データに説明を録音した
スライドショー（デジタル

図13　作成されたマインドマップの一例

*5　一ノ瀬秀司「21世紀に求められる資質・能力を育むデジタルストーリーテリングの効果」『日本教育工学会論文誌』40（3）、2016年、187〜196頁

ストーリー）を作成しました。図13は、作成されたマインドマップの例
です。単元「円」では、多くの公式を扱うのですが、学習内容を俯瞰し
てマインドマップを作成し、さらに対話的な学びを通じて修正し、授業
で学んだ公式を関連づけています。そして、デジタルを活用して自分の
言葉で説明することによって、単元「円」の理解を深めました。

第2回は、デジタルス
トーリーの上映会を行い、
全体まとめとして講座全体
を振り返りました。図14は、
上映会のイメージと振り返
りで寄せられたコメントで
す。第1回のガイダンスで
「みんな同じ授業を受けた
ので、まとめも同じにな

ストーリーサークル2（上映会）

テーマ
「6章　円で学んだこと」

「人それぞれ、同じ章でも、やっていることや、言い方が違い
すごく自分のためになったと思う。人と話すことでより深まっ
た。」
「今回、私は主に定理の証明について書いたけど、証明での使
い方や他の定理の説明、実際に教科書の問題を引用するなどた
くさんのやり方や考え方があって、刺激を受けました！」
「図を使っている人が多く、図やグラフ、表にまとめたら分か
りやすく、また、見やすくなるということが分かりました」
「自分で説明する中で新たに気づいたこともたくさんあった」

図14　第2回上映会と振り返り

る」と口々に言っていましたが、第2回のまとめの場面では、「同じこ
とを学んだのに、まったく違うまとめになっているのに驚いた」と語っ
ていました。デジタルを用いた一連の対話的な活動を通じて、単元
「円」の理解を深め合うことができました。

# 4　個別最適な学びの実像

本章で紹介した取り組みは、個別最適な学びと重なります。個別最適
な学びは、2020年代を通じて実現すべき「令和の日本型学校教育の姿」
の1つとして強調されています。それは、「基礎的・基本的な知識・技
能を確実に習得させ、思考力・判断力・表現力等や、自ら学習を調整し

ながら粘り強く学習に取り組む態度等を育成するため」、「教師が支援の必要な子供により重点的な指導を行うことなどで効果的な指導を実現することや、子供一人一人の特性や学習進度、学習到達度等に応じ、指導方法・教材や学習時間等の柔軟な提供・設定を行うことなどの『指導の個別化』」、「基礎的・基本的な知識・技能等や、言語能力、情報活用能力、問題発見・解決能力等の学習の基盤となる資質・能力等を土台として、子供一人一人に応じた学習活動や学習課題に取り組む機会を提供することで、子供自身が学習が最適となるよう調整する『学習の個性化』」に整理した概念です。本章で紹介した AI 教材を用いた補習授業は前者の指導の個別化の事例として、ICT を活用した対話的な拡充学習は後者の学習の個性化の事例として捉えることができます。

図15は、2022年度の夏休みに筆者が行った授業を、2E のミラーモデルで整理したものです。

少人数の授業を 2 種類、200人規模のハイブ

図15 2022年度の取り組み

リッド形式の授業を 1 種類行いました。少人数の授業は補習授業と拡充学習です。補習授業は、1 学期の成績をもとにした指名制で AI 教材を用いて行い、拡充学習は、希望者を対象として数学コンクールへの投稿をめざした探究学習を ICT を用いて対話的に行いました。

そして、オンライン授業のノウハウを活かしたハイブリッド形式の授業は、約200人の参加者を得て行いました。教室にて対面形式で受ける生徒約30人と、家庭にてオンライン形式で受ける生徒約170人がハイブリッド形式でつながって、2 学期の予習をみんなで進めました。

このような個別最適な学びへ向けての取り組みは、特別支援教育の実

践の中で学び得た個々の学びの特性に応じた支援の蓄積によって実現しました。1人ひとりの生徒の学びの個性に注目するにつれて、教師主導の一斉授業の限界を感じ、ICTを活用した授業改善、2Eのミラーモデルを援用したさらなる工夫へと進展しました。特別支援教育は、特別な支援が必要な生徒に対してのみ行うものではなく、1人ひとりの生徒が、それぞれの個性を活かして成長しあう個別最適な学びの実像へと向かう道標になり得るのではないかと感じています。

　私学の特別支援教育は、体制整備の立ち遅れが目立つなど、マイナスの側面が強調されがちです。しかし、元来1人ひとりをきめ細かくみる面倒見のよさ、丁寧さを大切にしている私学には、特別支援教育においても強みを発揮し得るばかりか、その視点やスキルを学力上位層にも拡張できる可能性があるのではないでしょうか。各校の自助努力に委ねられている私学の特別支援教育から、一足飛びに、先進性のある実践が生まれることを期待します。

（一ノ瀬秀司）

**本章のポイント！**

①構築されたシステムを進化させる

②多様な学び方に対応したからこその合理的配慮

③個別最適な学びとミラーモデルの取り組み

④上位層も伸ばせるモデルで進学校の範に

## ほめることはいけないこと？ という誤解

　私学だけではないのですが、教師が生徒の学習意欲の高低を問題視する割には、動機づけの理論を更新していないことを残念に思います。おそらく勉強は強いて努めるものであり、刻苦勉励こそ美徳という価値観を疑わずに努力してきた人が教師になっているのでしょう。また、教職課程で学んだ「内発的動機づけ」への重視が、ご褒美などの外発的動機づけを、内発的動機づけを下げるという理由で悪者扱いしているような風潮があります。

　アメリカの高校を訪れた際、集中を促すために、たくさんのキャンディを撒くようにしてほめあげていたおおらかな教師とは正反対です。ほめることにも及び腰で、ときには当たり前をほめることが罪悪かのように捉えている日本の教師に出会います。

　この外発的動機づけへの悪いイメージは、もともと内発的に動機づけられて絵を描いていた幼児に、報酬を与えたことにより、報酬なしでは絵を描かなくなった研究に端を発します（アンダーマイニング現象）。しかし、予期せずに与えられる報酬や言語報酬では、動機づけは下がりませんし、有能感を高める報酬によって内発的動機づけは高められることがわかっています（エンハンシング現象）。そもそも、教師が生徒の心をコントロールするかのように報酬を与えるのではなく、生徒が自分の成長のためになることを喜べるよう応援する営みでありたいものです。

（髙橋あつ子）

# 学校全体での支援体制構築と
# 教員の意識変化

## ～指導から支援へ～

# 1 地域ニーズの受け皿として
変革を迫られる地方の私立高等学校

　少子化問題が深刻になる中、地方の私学高等学校の多くは、経営的にも厳しい状況にあります。そのため、国公立大学や有名私立大学への進学を希望している生徒から、初等教育の学習内容を十分理解できていない生徒、不登校でいろいろなことが未学習な生徒、特別支援学級で個別に支援されてきた生徒まで、さまざまな生徒を受け入れる、地域の受け皿としての役割を期待されています。

　教員は、公立高等学校に比べて資金的にも厳しい中、少ないマンパワーで、地域のニーズに応えるべく、日々努力していますが、学習困難や対人関係の不適応を理由に、早期に休退学や通信制への転校を選択する生徒は後を絶ちません。

　学校法人舘田学園五所川原第一高等学校（以下、五一高）は、1948年五所川原家政寮として開設され、1957年には家政高等学校、1965年に商業科、1973年には普通科が併設され五所川原第一高等学校と改名し、今年で創立74年目を迎えます。地域のニーズに応えるために改革を重ねながら、生徒1人ひとりを大事にしてきた学校です。

　現在は、「生徒の能力を最大限に引き出す学校」「生徒にやる気を出させる学校」「生徒に夢や希望を持たせる学校」を目標に、教育環境を整え、さらなる発展を目指しています。全日制普通科には、特別進学コース・進学コース・情報ビジネスコースの3つのコースがあります（資料1参照）。そのほかに、2009年度より通信制が開設され、2019年度からは登校が難しい生徒のため、ネットコースも新設されました。

　普通科では、特色ある取り組みとして、グローバル社会で活躍できる人材の育成、ICTを活用できる人材育成、特別支援教育の充実が挙げ

られています。特別支援教育に関しては、授業のユニバーサルデザイン化、福祉就労支援に加え、2022年度からは、新しくアシストクラスが始動しました。ここに至るまで、さまざまな課題や意見の対立、紆余曲折がありました。教育カウンセラー・スーパーバイザーとして、私が五一高にかかわるようになってから14年間の取り組みをご紹介します。

# 2　指導から支援へ発想の転換

　2009年、前校長の「どんな生徒でも、入学を許可したからには、責任を持って卒業させる」という理念に共感し、教育カウンセラーを引き受けました。公立の小学校勤務が長かった私には、高等学校での生徒対応には、驚くことがたくさんありました。学校には非社会的不適応行動（おもに不登校・自傷）だけでなく反社会的不適応行動を示す生徒もいました。

## ADHD 傾向のあるＡさんの事例

　就任して間もなく、ADHD 傾向のあるＡさんを担当しました。授業中に教員に向かって（実際は黒板）教科書を投げつけ、授業妨害と教員への暴力で自宅謹慎となった生徒でしたが、私との面談中に停学処分となりました。その後も似たようなケースが続き、生徒のアセスメントが不十分な状態で、十分な見立てもないままに生徒指導の会議で処分が決まってしまうことに、驚きと憤りを感じました。

　不適切な行動を起こす生徒の中には、発達障害特性をもつ生徒も多く、不適切な行動が起きたきっかけが教員の言動だったこともありました。教員集団にもう少し発達障害への理解があったら、特性をもつ生徒への対応スキルがあったら、防げた問題であったと思いました。学校を辞め

ていく生徒たちは、叱責・指導の対象ではなく、支援されるべき生徒なのだと、すべての教員に理解してもらいたいと感じました。

## 3 特別支援体制の構築

### 第Ⅰ期　準備期

　就任してから、学校のシステムや教員の知識・スキル、生徒の特性を観察・評価しました。発達障害特性や学習上の困難さがある生徒が一定数在学していましたが、教員には発達障害に関する知識が不十分でした。問題が起きてからの三次支援や懲戒では、何も解決しません。

　五一高では、一次・二次支援を強化するためにはどうしたらいいのかが大きな課題でした。まずは生徒のアセスメントとサポートのためのシステムの構築が急務です。また教員が意欲をもって支援にあたるために、発達障害や学習困難を正しく理解し対応するための知識・支援スキルが必要だと感じました。

　2010年度は、校長・関係教員・教育カウンセラーで、特別支援教育を推進するためのシステム、アセスメントの方法、支援内容、教員研修、専門家との連携等について、検討を重ねました。

　年度末、文部科学省が2011年度開始の「特別支援教育総合推進事業」（高等学校における発達障害のある生徒への支援）参加希望校を募集していることを知り、助成金が出るということで、迷わず応募することにしました。私立学校では、新しい事業のための資金確保が大切になります。全教員の十分な理解は得られていませんでしたが、これを契機に特別支援教育を推進したいと考えた校長が決断しました。応募にあたって、研究課題を「全日制普通科における、発達障害（発達障害の疑いを含む）のあ

る生徒に対する支援システムの構築と、効果的な指導方法および評価方法」とし、以下の事業を計画しました。

①特別支援教育充実のためのサポートシステムの構築

②「スタディーセンター」の開設と支援スタッフの充実

③支援対象者の把握（アセスメント）

④対象生徒および保護者へのカウンセリング

⑤個別の指導計画の作成

⑥学習支援員による個別の学習指導（通常の授業時間・放課後）

⑦教育カウンセラーを活用したソーシャルスキルトレーニング

⑧評価基準の検討

　幸いにも五一高は全国14校採択の中の1校となり、特別支援教育実践システムの構築を加速することとなりました。

## 第Ⅱ期　システムの構築とスタディーセンターの開設

　2011年度には、特別支援教育推進委員会が立ち上がりました。委員は校長・特別支援コーディネーター・関係教員・教育カウンセラー・専門家（障害児教育専門の大学教員・県教育委員会特別チーム指導主事）で構成され、委員会を年3回開催し、特別支援教育体制やスタディーセンターの運営に関して協議しました。また、この年はじめて特別支援コーディネーターが任命され、担任や学年・教育カウンセラー・学習支援員・専門機関等との連携を積極的に行えるようになりました。

　スタディーセンターは、発達障害のある生徒や学習困難な生徒の学習を支援するため、空教室を改装して開設しました。以前視察したイギリスロンドンセカンダリースクールのスタディーセンターを参考に、小グ

ループで学習ができるスペースの
ほかに、発達障害の生徒が落ち着
いて学習できる個別学習ブース、
コンピュータも設置しました（図
1）。スタディーセンターには、
担当教員が常駐し、来室生徒に対
応しました。放課後は、地域の大
学生に学習支援員をお願いし、個
別の学習支援を担当してもらいま
した。教材は、通信教材（高校生
用学び直し教材）を含め、小学校高
学年からの多様な教材を準備しま
した。生徒のアセスメ

図1　スタディーセンター

ントは、全学年に学校
環境適応感尺度「アセ
ス」（ASSESS：
Adaptation Scale for
School Environments on
Six Spheres）を実施し、
さらに要支援と思われ
る生徒は、WISC-Ⅲ
に加え、独自に作成し
たアカデミックスキル

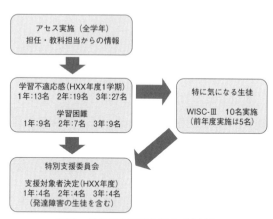

図2　具体的な学習支援までの流れ

チェックシート、ソーシャルスキルチェックシート、発達障害特性の
チェックシートの3つを使用してアセスメントを行い、その後、特別支
援教育推進委員会で支援内容・スタディーセンターの利用を決定しまし

た。初年度スタディーセンターを利用した生徒は、12名でした。放課後
は、それ以外にも希望する生徒がいれば開放しました。スタディーセン
ターの人件費・教材費は、文部科学省からの助成金で充当しました。

　2011年度には、特別支援教育を推進するための形はできましたが、教
材研究も十分とはいえませんでしたし、評価基準に至っては、きちんと
整理できないまま、事業が終了してしまいました。


## 第Ⅲ期　就労支援開始

　2012年度、スタディーセンターで個別支援していた生徒が3年生にな
り、進路を検討するようになりました。本人が希望すれば、専門学校に
は入学することも可能ですが、進学できればそれでいいのだろうか、果
たして将来きちんと就労できるのだろうか、私たちは、保護者を含めて
議論しました。教育の最終目的は、一人前の社会人として就労し、自活
できるようになることだと思います。「入学させたからには、責任を
持って卒業させる」だけでは不十分で、きちんと社会につなげるために
は、学習支援に加えて就労支援も検討する必要がありました。

　就労後のことを考えると、社会人として必要なソーシャルスキルを身
につけるためのプログラムも必要でした。生徒に対する支援と並行して、
就労を支援するための学
外ネットワークの構築に
も力を入れました。2012
～2021年度までに福祉就
労支援を行った生徒は、
総計20名です（図3、4、
5）。

図3　進路選択とサポート

## 第Ⅳ期　葛藤の時期

　2016年度、スタディーセンターを管理運営する特別支援教育室が新たに校務運営機構に位置づけられ、特別支援会議が毎月1回開かれるようになりました。特別支援に関連した研修も、夏休みと冬休みの年2回定期的に行われ、「発達障害の理解と対応」「合理的配慮」「UDL」「学校不適応の理解と対応」等、繰り返し研修しました。

　就労支援のシステム

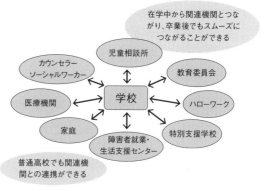

学力・コミュニケーション面で気になる生徒のピックアップ
学習支援・SST

↓

2年次　インターンシップでの就労体験

↓

保護者・本人・関連機関との話し合い

↓

手帳取得

・一般企業の障害者枠で就職
・就労継続支援A型、B型での就労

↓

就労体験・就労評価

↓

就労先の決定

図4　具体的な福祉的就労までの流れ

在学中から関連機関とつながり、卒業後でもスムーズにつながることができる

児童相談所　カウンセラー　ソーシャルワーカー　教育委員会　医療機関　学校　ハローワーク　家庭　障害者就業・生活支援センター　特別支援学校

普通高校でも関連機関との連携ができる

図5　学校と関連機関との連携

も定着し、毎年数人は福祉就労しています。スタディーセンターの使用を希望する生徒も増加しました。センターができる前に比べると、教員の特別支援に対する意識は、大きく変わったと思います。近隣の中学校には、五一高は発達障害や不登校の生徒を手厚く支援してくれる高校と評価されるようになり、スタディーセンターが立ち上がって以降、入学希望者が年々増加しています（コラム❻参照）。

　しかし、特別支援教育が、学校全体にしっかりと定着しているといえませんでした。評価の問題でいつも議論していたり、学習の遅れへの対応が、スタディーセンター頼みになっている教員もいたり、支援が必要な生徒

の行動を「わがままだ」と評する教員がいたり、スタディーセンターのスタッフが定着しなかったり、とても不安定で、悩みは尽きませんでした。

## 第Ⅴ期　推進期　システム構築

　2019年度、学習に困難さを抱えるB男が入学しました。1年次より授業についていけず、学校不適応行動が見られるようになりました。今までの支援方法では、対応が難しい場面も多く、普通科を卒業させられるのかという声も多数聞かれました。B男と同じような生徒の入学は、今後増えるだろうと予想し、これからはもっと柔軟な発想を取り入れたシステム構築が必要だと考えました。そこで、新しい視点を見つけて、膠着した状況を打破するため、改めて情報収集を行うことになりました。

　秋には、校長・特別支援コーディネーターと3人で、関東圏で特別支援教育の先進的な取り組みをしている学校を視察しました。視察したのは、私立の高等専修学校（ダブルスクール）、通信制高校サポート校、都立高等学校（チャレンジスクール）の3校です。

　視察を終えて、五一高にはまだまだやれることがあると気づきました。また、通信制課程という大きな資源を、もっと活用できないか、検討することにしました。早速校長はワーキンググループを立ち上げ、以下の項目を検討するように指示しました。

①入学受入要件と方法・受入基準・転出入要件と時期
②アセスメント・個別の指導計画と教育支援計画
③特別の教育課程編成・実施・評価に関する方針
④修了認定等に関わる方針（単位認定等）
⑤不登校等学びたくても学べない生徒への遠隔・オンライン教育
⑥校内支援体制の整備・充実（職員体制と役割分担）

⑦開設準備期間（移行期間）での対応

⑧通信制課程との連携・単位互換（ダブルスクール制度・併修の検討）

⑨アシストクラス開設（R4.4）までのロードマップの明示

⑩生徒募集に向けた積極的広報・啓発と周知魅力発信等

⑪「分かる授業」をめざした授業のUDL化の推進計画

# 4 学校全体の新体制の構築

## アシストクラスの新設準備

2021年度、特別支援教育の実践経験豊富な教員も迎え、「すべての生徒のためにすべての教員で」を合い言葉に、共生社会の形成に向けたインクルーシブ教育構築の

図6　教室前面の環境整備

ための体制づくりが、本格的に始動しました。教室環境はシンプルに整備し（図6）、授業においては「分かる授業」を目指して「授業・環境のユニバーサルデザイン化」や「習熟度に応じた指導」の充実を図り、放課後にはスタディーセンターにおいて、生徒個々の教育的ニーズを踏まえた教科指導補充等の支援も継続しました。

さらに、2022（令和4）年度からは「アシストクラス」を新設することになりました（図7）。

アシストクラスは、教科指導だけでなく困難さへの支援も行い、さらには福祉就労まで見据えた支援を担います。さまざまな困難さを抱えた生徒が、卒業まで無理なく学べるようなカリキュラムづくりに取りかかりました。生徒は通常のコースに在籍しながら、必要に応じて授業の一

部として「困難さの克服・改善に向けたソーシャルスキル・ライフスキル」等を学ぶことができるように計画しました。また、どうしても全日制で習得できなかった単位を、通信制課程で習得することも可能としました。選択科目である学校設定教科「キャリア・ライフ」は、社会的自立に向けてやり遂げる力（実行機能）育成を目的にしています（図8）。具体的な内容は、図9のとおりです。

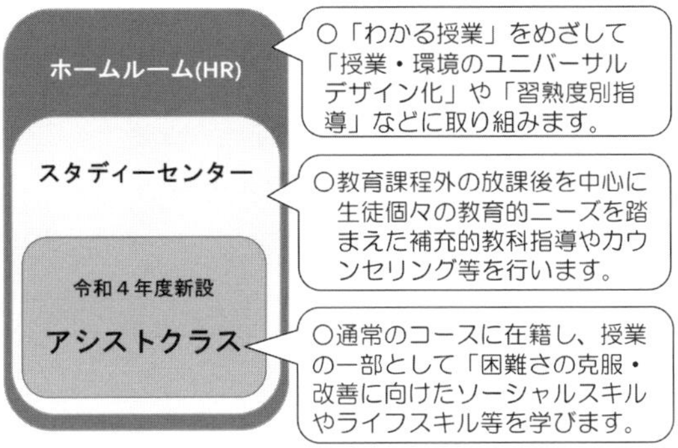

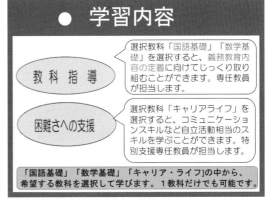

図7　安心して学ぶための学びの場

図8　学習内容

## アセスメントの強化

　全校生徒に、学校環境適応感尺度「アセス」に加えて、2021年度に新たに作成した「誰もが持っている〈苦手さ・困難さ〉あるあるチェック」（資料4参照）を実施し、自分の特性を理解し、必要があれば支援を求めることができることを知ってほしいと考えました。そのほかにも種々のチェックリストも準備し、WISC-Ⅳ、K-ABC Ⅱ等の検査も校内で実施できる体制が整いました。

●学校設定科目「キャリアライフ」の学習例

～社会的自立に向けてやり遂げる力（実行機能）育成～

○コミュニケーションスキル

・援助要請能力SOSの出し方、話の伝え方・聴き方、相手に相応しい言葉遣い、上手なつきあい方、誘い方と断り方、言葉以外のコミュニケーションスキル、責任ある意志決定など

○感情コントロール

・場面に応じた相応しい挨拶や話し方、トラブルの時の対処法、イライラしたり怒ったりする時の対処、ストレスマネジメントを考える、自己抑制とアンガーマネジメント、余暇とストレスの関係から余暇の過ごし方、マインドフルネス、自己肯定感向上、リラクゼーションなど

○職業生活

・気乗りしない活動でも一定時間続ける力、自己理解と将来の仕事、働く価値と将来設計、企業見学やインターンシップのルールやマナー、面接時の身だしなみや応答の仕方、職場で気持ちよく働くためのスキル、職場で困ったときのスキル、プレゼンテーショントレーニング（学習成果の発表）など

○学習の仕方

・自分に向いた学習スタイルを知る、家庭学習を効率よくするために、ビジョントレーニング、認知機能・ワーキングメモリトレーニング、コグトレなど

○ライフスキルトレーニング

・時間管理、プランニング能力、優先順位、空間や情報の管理、忘れない工夫、セルフモニタリング、シフティング（柔軟性）、身だしなみ・自身の生活リズム・お金や金銭の計画的な使い方・メール等を使う祭のマナー・自分の思考のクセを見つけて直していく手法など

○学び直しを中心とした教科指導　など

図９　学校設定教科「キャリアライフ」の学習例

## 中学校・保護者との連携

アシストクラス利用対象生徒は、本人・保護者が希望した生徒としました。中学校の通常学級・特別支援学級・通級指導教室で学んできた生徒でおおむね通常学級で学習できる生徒を想定しました。「中学校からの一貫した指導」ならびに「保護者との合意に基づいた責任ある指導」を目指すため、保護者の合意の上、中学校からも情報提供してもらい、最終的には五一高の支援委員会において「困難さの総合的な把握と合理的な配慮の検討」を行うことにしました。支援内容は、本人・保護者の合意を得て校長が決定します。

## 評価と課題

2021年度、五一高のホームページに、「特別支援教育の充実」に関する内容が掲載されました。地域に情報を開示することは、五一高の覚悟だと感じました。また、教員にもうれしい変化がありました。年度末の

特別支援会議において、学年独自で定期的にケース会議を行っていたという報告があったり、生徒指導部長からは、問題行動がある生徒については、特別支援教育室と連携して取り組む必要があるという発言もあったり、この数年で、教員集団の意識に大きな変化があったと感じました。

　また、それにともない退学・転学する生徒も確実に減少し、2021年度に至っては、授業時数が足りない、点数が足りなくて単位が取れないという理由で退学・転学した生徒はゼロでした。不登校傾向で教室に入れなくなった生徒のために、教室とスタディーセンター間のオンライン授業も認められたことで、中学から不登校傾向だった生徒が、教室に完全復帰できました。学内遠隔授業の利用で、不登校改善の可能性が広がりました（図10）。

図10　教室復帰までのオンライン授業（教室とスタディーセンターをつなぐ）

　卒業式の後、スタディーセンターには利用していた生徒がつぎつぎとあいさつに訪れ、先生方と別れを惜しんだり、誇らしげに就職の話をしたりしていました。学校の対応に不満を述べていたB男やB男の保護者からも、感謝の言葉がありました。3年間で生徒たちも成長できたと思います。B男を担当した教員のひとりは、「大変だったけど、卒業までこぎつけられて、頑張ってきてよかった」と言いました。B男がいたことで、先生たちは多くを学べたと思います。

　2022年度、アシストクラスの利用を希望または検討したいと申し出があった入学生は17名です。予想以上の希望者に、地域の中学校や保護者からの期待の大きさを感じました。これからは、経験と勘だけに頼らず、

エビデンスに基づいた支援ができるように、担任・学年・特別支援教育室が情報を共有し、認識のずれがないよう、個別支援計画を基にチームで支援するために、体制を強化していきたいと考えています。

　評価については、知識・技能に偏らずに総合的に評価できるように、教員全員で共通理解していく必要があると考えます。教員研修は、特別支援教育の基本的な理論や効果的な支援内容を学ぶ研修に加え、実践的なワークショップなど体系的に学べるように計画し、研修後の実践検証・評価も考え、研修・実践・評価・課題意識・研修のサイクルも意識していきたいと思います。

　若手の教員からは、「難しいチャレンジだとは思いますが、やりがいのある仕事だと感じています。自分も、新しい情報・スキルを獲得して、よりよい支援ができるように頑張りたいです」と言われました。高等学校においても特別支援教育やUDLは当たり前と考えるような、頼もしい若手教員が、五一高で育ってくれることを祈っています。

（小玉有子）

（第4章4資料提供　五所川原第一高等学校　特別支援教育室室長）

 **本章のポイント！**

①地方私学の役割
②支援ニーズを切り捨てない改革案
③取り出しから学級内支援へ
④学校再生が実現する特別支援教育の魅力と威力

12　カリキュラム（令和 4 年度入学生）

■ 必修科目　■ アシスト利用生徒選択可能

| コース | 学年 | 1 | 2 | 3 | 4 | 5 | 6 | 7 | 8 | 9 | 10 | 11 | 12 | 13 | 14 | 15 | 16 | 17 | 18 | 19 | 20 | 21 | 22 | 23 | 24 | 25 | 26 | 27 | 28 | 29 | 30 | 31 | 32 | 33 |
|---|---|---|---|---|---|---|---|---|---|---|---|---|---|---|---|---|---|---|---|---|---|---|---|---|---|---|---|---|---|---|---|---|---|---|

**資料 1　教育課程**

概要

(1) 情報ビジネスコースと進学コース。1・2 年次において、国語、数学、英語については習熟度別にクラスを編成する。（上表は令和 4 年度入学生 1 年次のもの）

(2) 習熟度別クラスは、3HR クラスを 3 展開（上位・中位・下位など）にするなど、HR の数と展開数を同一にして編成する。

(3) 習熟度別クラスについては、展開した片方の上位クラスはも、合理的配慮に基づき学習内容の難易度を下げ、また、一定時間、義務教育の学び直しの内容を取り入れるものとする。

なお、下位クラスの授業審査には、そのための選択式の説明を用意する。

(4) 上記(3)で、アシスト利用生徒に、その都度審査し、簡易な授業か、または、簡易な自立活動を取り入る（アシスト同）させる。自立活動担当の授業も、簡易な自立活動の内容に近い学習内容を行い、当該教科のアシストクラス担当教員が担当する。

(5) 習熟度別クラス編成を行わない選択科目や履修科目に際して、アシスト利用生徒は、別途、キャリアライフ（CL）をその他の単位を超えない範囲で選択することができる（CL可）。

キャリアライフは、本校の学校設定科目として、いわゆる自立活動の内容とともに、卒業後に求められる社会生活の知識、技能や職業スキルを学ぶ授業での指導は、特別支援専門員が行う。

(6) 上記(5)でアシスト利用生徒がキャリアライフを選択（CL可）履修する場合は、当該設定の科目は単位の修得ではなく、気に当初設定されていた科目の単位を取得しない場合は、自校内研修として本校通信制で開設している科目とする。

(7) 情報ビジネスコースにおける商業科目及び情報科目の履修に際して、アシスト利用生徒について、国語基礎及び数学基礎は、本校の学校設定科目として、アシスト利用生徒は、基礎・基本を中心に扱う授業へと、その指導は当該教科担当教員が担当する。

国語基礎及び数学基礎は、義務教育段階の学びの学び直し、基礎・基本を中心に取り扱うことなどを踏まえて選択する。

(8) 上記(7)で、国語基礎及び数学基礎については、アシスト利用生徒は、商業科目の履修の次年度以降に実施に至るを踏まえて選択履修が開設される。

国語基礎、数学基礎は、キャリアライフとともに選択履修される。

# 特別な支援を要する生徒のサポート

〜 すべての生徒を　すべての教職員で 〜　(R3.11.18 版)

**日常**
生徒理解のための情報収集・記録・整理・保管
◎前任校（者）からの申し送り情報や指導要録・個別の指導計画など情報を集約・整理・追加情報の保管
◎不登校経験者ほか特別な教育的ニーズを持った生徒の全校的共通理解と日常的な声がけや配慮（積極的予防）

**気づき**
行動観察・アンケートを含む本人・保護者等からの情報・聞き取り

**学年会議**
特別支援教員が学年コーディネーターとして情報共有と対応の方向性について検討

※不登校の対応－連続欠席3日目（遅刻・早退加味）に管理職等に連絡・学年情報共有。連続欠席7日に学年と支援室等と協議し対応について協議。
＜生徒理解・支援シート作成＞（HRT・支援教員）

**学年と支援室の検討会議**
組織的・継続的な対応に向けて計画立案
全校支援体制の整備と計画（スタセン等の利用を含む）

**支援会議**
＜全体協議＞資料提供；担当学年支援教員＋HRT
①学年主任・支援教員（必要に応じてHRT）から説明
＊当該生徒の「困難さ・つまずき」を中心に行動記録や生育歴、学業・生活面等について
②スタセン・アシスト利用が決定後、スーパーバイザーまたは支援室（室長）から説明し、本人から同意が得られたら保護者へも連絡し同意をもらう。
③『合理的配慮の提供』について協議・同意を得られたら「個別の教育支援計画」に明記するとともに学年主任から全教職員に職員会議等で周知する。

**具体的な支援**
支援会議と指導計画にもとづく計画的・一貫的な支援

＜個別の教育支援計画の作成・実施＞（担当学年支援教員等）
＜個別の指導計画の作成・実施＞（担当学年支援教員等）
○オンライン学習に係る計画・実施・記録（担当学年支援教員等）
○スタディーセンターの計画・実施・記録（担当学年支援教員等）
○アシストクラスの活動計画・実施・記録（担当学年支援教員等）
○福祉的就労支援等関係機関と連携（HRT、担当学年支援教員、支援室等）
※適切な時期（学期毎・随時）に評価を行う。

**評価と改善**
学年・支援室で個別の指導計画にもとづく定期評価と改善・保管

＜個別の教育支援計画にもとづく評価・改善・保管＞
＜個別の指導計画にもとづく評価・改善・保管＞

みんなが課題と目標を共有し納得できるものに！

資料2　特別支援サポート（サポートの流れと役割）

◇調査等◇

○高校生活支援カード
　（4月初旬）
⇒入学後1週間で整理・集約
⇒授業観察
⇒第1回支援会議で否並びに方向性検討

○生活調査アンケート（毎月実施；生徒指導）

○「苦手・困難」あるあるチェック
　（5月中旬）

○アセス①
　（5月初旬）

○「UD授業づくり」アンケート
　（5月初旬）

○1学期期末考査
　（7月初旬）

○2学期中間考査
　（7月初旬）

○アセス②
　（10月下旬）

○2学期期末考査
　（11月初旬）

○「UD授業づくり」アンケート
　（1月下旬）

○3学期中間考査
　（3月初旬）

○3学期期末考査
　（3月初旬）

　（11月初旬）

令和 3 年 9 月運営会議案件

## 五ー高　「合理的配慮」の提供プロセス（案）

合理的配慮は、障害のある子どもが障害のない子どもと平等に「*教育を受ける権利*」を享有・行使できるよう「*必要かつ適当な変更・調整*」を行うことで「*均衡を失した過度の負担*」を課さないものです。（合理的配慮の否定は差別！）

**Plan**　みんなが課題と目標を共有し納得できるものに！

**意思の表明**

### 本人・保護者から合理的配慮の相談・聞き取り
※担任等の気づきや引き継ぎ事項から合理的配慮を必要としてることが明白である場合は本人・保護者に確認をとる。

**調整**

### 本人・保護者から合理的配慮の相談
～対話の積み重ねと合意形成への努力を～

①障害の状態や教育的ニーズ（困難さ）の把握
・いつ、どんな場面で、どのような困難さがあるか。
・困難さを改善・克服するために必要な配慮は何か。
②建設的な対話を通して配慮の内容や方法の検討
・「必要かつ適当か」　～教育的ニーズや教育目標との整合性、社会的自立・参加の必要性等
・「過重な負担かどうか」　～体制面・財政面での実現の可能性、加重な場合は代替案提示
　　　　　　　　　　教育活動等の目的や内容等の本質的な変更かどうか、本来の業務に不随等

**決定**

### 配慮の内容や方法を決定し共通理解
○「個別の教育支援計画」「個別の指導計画」作成し、「合理的配慮」の内容を明記する。
　※ HR 担任と特別支援教育支援員で作成。

**Do**

**提供**

### 全校体制で組織的・継続的に対応
○関係者で情報を共有しながら全校体制で継続的に支援する。
・物理的環境・人的支援・意思疎通・規則や慣行の変更

**Check**

**定期的な評価**

### 配慮を提供した後も定期的に評価
<視点> 授業内容が分かり、学習活動に参加している実感・達成感をもちながら、充実した時間を過ごしつつ、生きる力を身につけて行けるような有効な教育が提供されているか。

**Action**

**柔軟な見直し**

### 学年会議や校内支援委員会で改善策を検討・実施
<視点> 合理的配慮の内容や方法、配慮のタイミング、配慮時の役割分担などについて確認し必要に応じて変更・調整する。
※適切な時期（学期毎・随時）に評価を行う。

## ～本人・保護者との合意形成＋教職員間で合意形成～

資料 3　合理的配慮の提供プロセス

# 令和3年度　誰もが持っている＜苦手さ・困難さ＞あるあるチェック！

## 自分の＜苦手さ・困難さ＞に気づき克服しよう！

※先生が設問を読み上げるので、当てはまるところに○をする

| 項目 | No. | 質問事項 | よくある | 時々 | ない |
|---|---|---|---|---|---|
| 聞く | 1 | 聞き間違いや聞きもらしがある。 | よくある | 時々 | ない |
| | 2 | 指示や質問の意味が分からなかったり、勘違いする。 | よくある | 時々 | ない |
| | 3 | 集団の中で言われたことが聞き取れなかったり、話し合いがむずかしかったりする。 | よくある | 時々 | ない |
| 話す | 4 | 言い間違いや発音しにくい音がある。 | よくある | 時々 | ない |
| | 5 | 説明しようとしても単語だけだったり、短い言葉になってしまう。 | よくある | 時々 | ない |
| | 6 | 思いついたことをすぐ口にしてしまったり、自分の興味のある話だけをする。 | よくある | 時々 | ない |
| 読む | 7 | 初めて出てきた語句や、普段あまり使わない語句などを読み間違える。 | よくある | 時々 | ない |
| | 8 | 音読が遅かったり、音読ができても内容がよく分からない。 | よくある | 時々 | ない |
| | 9 | 文中の語句や行を抜かしたり、余分な文字を加えて読んだり、似たような形の文字を間違って読む。 | よくある | 時々 | ない |
| 書く | 10 | 字の形や大きさが整わなかったり、真っすぐ書けなかったりして読みにくい字を書く。 | よくある | 時々 | ない |
| | 11 | ノートをとるのが遅く、板書の文字を間違えたり飛ばしたりする。 | よくある | 時々 | ない |
| | 12 | 筆圧が強すぎたり弱すぎたりする。 | よくある | 時々 | ない |
| 計算 | 13 | 正負の数の大小関係や分数の大小関係を理解することがとても難しい。 | よくある | 時々 | ない |
| | 14 | 九九の暗誦の習得や簡単な暗算が苦手で、計算をするのにとても時間がかかる。 | よくある | 時々 | ない |
| | 15 | 四則混合計算など二つ以上の式となる計算や、文章問題を解くのが難しい。 | よくある | 時々 | ない |
| 推論 | 16 | ひし形や立方体などの図形を描いたり、三角定規やコンパスなど器具を使って図を書くのが難しい。 | よくある | 時々 | ない |
| | 17 | 物事の因果関係や登場人物の心情を読み取ることが苦手である。 | よくある | 時々 | ない |
| | 18 | 目的に沿って計画したり、必要に応じてそれを修正することが難しい。 | よくある | 時々 | ない |
| 集中 | 19 | 細かいところまで注意が払えず作業が雑になったり、ぼうっとしてしまう。 | よくある | 時々 | ない |
| | 20 | 指示通りにできず、仕事や宿題などやるべきことをやり遂げられない。 | よくある | 時々 | ない |
| | 21 | 学習用具など物をなくしたり、日々の活動で忘れものをする。 | よくある | 時々 | ない |
| 制御 | 22 | 授業中に手足を動かしたり、もじもじして集中することが難しく、落ち着かない。 | よくある | 時々 | ない |
| | 23 | 順番を守れなかったり、質問が終わらないうちに出し抜けに答えてしまう。 | よくある | 時々 | ない |
| | 24 | ついしゃべりすぎたり、場の状況に合わせて静かに過ごすことが難しい。 | よくある | 時々 | ない |
| 関係 | 25 | 思い込みで激しく言い張ってしまったり、相手の感情を理解できない。 | よくある | 時々 | ない |
| | 26 | 順位・点数など勝ち負けにとてもこだわってしまう。 | よくある | 時々 | ない |
| | 27 | 冗談や皮肉が理解できず、言葉通り受け取って会話がかみ合わない。 | よくある | 時々 | ない |
| 運動 | 28 | リボン結びや折り紙が苦手でうまくできない。 | よくある | 時々 | ない |
| | 29 | リズムに合わせた運動やボール運動・縄跳びが苦手でどことなくぎこちない。 | よくある | 時々 | ない |
| 過敏 | 30 | 特定の音や臭い、体の接触等が嫌いである。 | よくある | 時々 | ない |

◎上記の＜苦手さ・困難さ＞について相談したいと思いますか？　・はい　・いいえ　・検討中

資料4　あるあるチェックリスト

# 中学校・高等学校連携シート

| | | | 作成日 | 令和　　　年　　　月　　　日 |
|---|---|---|---|---|

| 生徒氏名 | | | 性別 | 男・女 | HRT氏名 | |
|---|---|---|---|---|---|---|
| 中 学 校 名 | | 中学校　記入者職名・氏名 | | | | |

| 本人の状況 | 性格・行動の特徴 ※該当する項目にチェック | □　緊張しやすい　□　口数が少ない　□　感覚過敏がある　　□　こだわりがある<br>□　指示理解困難　□　幼い面がある　□　ストレスに対して逃避的である　　□　パニックあり<br>□　多動・衝動的である。　□　落ち着きがない　□　集団での遊びを好まない<br>□　感情のコントロールが難しい　□　意思表示が困難　□　人の気持ちを理解することが苦手<br>□　社会規範が希薄である　□　危険回避（予知）が難しい　□　新しい環境が苦手<br>□　不快な感情を表現することが苦手 |
|---|---|---|
| | その他 | |
| | 学校生活の様子 | （授業態度、提出物、休み時間の様子など）<br><br>（部活動・委員会・係・当番活動の様子、学校行事等への参加状況など）<br><br>（出欠状況及び特記すべきこと）<br>□　通常の登校　□　別室登校　□　適応指導教室への通級　□　その他（　　　　　　）<br>（期間・日数等具体的な状況） |
| | 得意なことや苦手なこと | （得意なこと、興味あること…作業、行動、教科など）<br><br>（苦手なこと…作業、行動、教科など） |
| 障害等に係る医師・教育相談等の結果 | | （診断名や心理検査（検査名、検査日、検査機関、検査結果）等具体的状況） |
| 中学校での支援の方針や内容・結果 ※高校においてもできる限り「合理的配慮」として検討しますので具体的にお教えください。 | 学習への支援（聞く・話す・読み・書き・計算・運動等の困難さ含む） | （交流学習や通級指導の有無、別室指導の有無、通常授業内での個別支援、授業外での個別支援の内容や頻度 定期考査での配慮事項など） |
| | 日常生活での支援（医療、福祉サービスを含む。） | （身辺自立の程度、身体面や心理面での支援など） |
| | 友達・コミュニケーション等の支援 | （意思疎通などコミュニケーションや集団参加等の社会性を育むための支援など）） |
| 健康上における留意点 | | （診断名や服薬の有無） |

◎本校（五一高）への情報提供について保護者の意向　（望んでいる・わからない・望んでいない）

**資料5　中高連携シート**

# コラム⑤ 学びのユニバーサルデザイン(UDL)で インクルーシブ教育が実現する

　赤木（2017）[*1]は、「difference と individual」に価値を置くアメリカと比較し、日本は「sameness と relationship」に価値を置いており、同質性を高めることによって異質性への排除につながりやすいことを指摘しています。たしかに「皆と同じ」を強調する教師ほど、合理的配慮も特別扱いにうつりやすくなります。反対に、日常的に個々に自分に合った学び方を奨励している学級では、合理的配慮ではなく、全員に保障された学習方略の選択とうつるでしょう。

　一斉指導では、教師主導の活動に消極的な子に対して、「やろうよ」と促すことになります。やるか否かを尋ねると、子どもはイエスかノーかを答えるしかありません（下図左）。教師との関係や大人への反発があれば、勢いノーと言ってしまう子もいるでしょう。

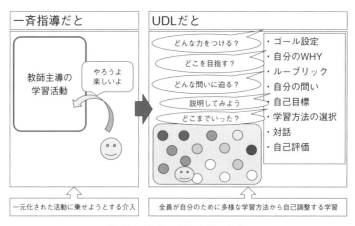

| 一斉指導だと | UDLだと |
|---|---|
| 教師主導の学習活動　やろうよ楽しいよ | どんな力をつける？　・ゴール設定<br>どこを目指す？　・自分のWHY<br>どんな問いに迫る？　・ルーブリック<br>説明してみよう　・自分の問い<br>どこまでいった？　・自己目標<br>・学習方法の選択<br>・対話<br>・自己評価 |
| 一元化された活動に乗せようとする介入 | 全員が自分のために多様な学習方法から自己調整する学習 |

はずれてしまいがちな子の包摂

＊1　赤木和重「ユニバーサルデザインの授業づくり再考」教育科学研究会『教育』No.853、かもがわ出版、2017年、73〜80頁

しかし、UDL だと、個々の子どもが自分のために多様な学習方法を選んで取り組んでいますから、教師はその子に対しても「あなたはどうするの？」と尋ねることになります。

　何のために学ぶかやどういう問いに迫りたいか、はたまたパソコンを使うか紙媒体を使うか、発表は口頭かデジタルか紙かなど、子どもは負担なく選べて、いかようにも答えることが可能になるのです。自分のための学習をどう調整するかをいくども聞かれる場があり、そのたびに自己決定が促され、自分を主語に語ることで、遂行に変化がおとずれます。

　こうしてその子の学びに向かう力・人間性を尊重し支援していくことで、その子を含めた多様な学び方の尊重が日々、進行していくのです。こうして、主体的な学びと個別最適な学びが実現し、さらなる多様性の享受（新たな価値の創出）につながると考えています。

（髙橋あつ子）

第**5**章

# 1人ひとりのニーズに応じた
# 指導を求めて

## ～「子どもの権利条約」の
## 考えと合理的配慮の充実～

# 1 入学条件の矛盾と向き合って

　B校は、都市部でありながら、田園風景も広がる地域に建学して約90年、幼稚園から大学までを擁する法人ですが、それぞれ独立した学校経営をしています。

　中学・高等学校は同じ場所にありますが、中学からの内部進学者が3分の1程度、高等学校からの入学者もいるといった独立した高等学校（以下「高等部」）です。本章では、その高等部の取り組みを紹介します。

　高等部は、障害等をもちつつ生活する生徒の発達や、発達の課題にかかわる学校生活の中での取り組みをサポートし、それを蓄積し、役立つ学習、研究を推進する役割を担う校務分掌（以下、インクルーシブ部）があります。これは、はじめからあった分掌ではなく、ある教員の提起からできたものでした。

　かつて高等部では、「特別な配慮を要しない生徒の入学を認める」とした独自の見解がありました。おそらく、義務教育ではない高等学校として、社会自立を目指す意図を表明したものだったのではないかと推測します。しかし、実際にはさまざまな生徒が在学していたこともあり、1994年に学校改革に着手していた高等部では、それに向けたいろいろなレポートが提出され、検討されていました。

　そこで、ある教員から「障害生徒」について考えるレポートが出されました。この時点で「障害」は、「肢体不自由」「視覚障害」「情緒障害」「学習障害」を指していました。この教員の意図は、筆者が今から推測すると、「権利を有している多数派の発想ではなく、当たり前の権利を有していない少数派の生徒に目を向けることが、権利そのものを見直す契機になる」という考えに基づいて、学校づくりを目指そうとした

のではなかったかと思います。

　このレポートをきっかけに、そういう生徒について何らかの対応が必要だと感じていた教員が多かったこともあり、職員会議に「障害児教育プロジェクト」の立ち上げが提案され、準備委員会がスタートしました。

　1989年に国連総会で採択され、1990年に発効した「子どもの権利条約」（日本は1994年に批准）についての学習も進められ、その理念に基づいた教育実践が少しずつ具現化されはじめていた教員風土もあり、学校と生徒による二者協議の場である学校協議会が検討されるなど、生徒を学校づくりの主権者としていくことを目指す機運も高まっていました。

　それらの流れを受けて、「障害をもちつつ生活している生徒を見ていこう、見えていない障害を見えるようにしていこう」という主張となり、それに反対意見は出ませんでした。そうして、翌年からインクルーシブ部が発足しました。

　しかし、高等部の「特別な配慮を要しない場合、入学を認める」という見解についてはそのままでしたので、当然ながらこの自己矛盾を解決する必要がありました。それを乗り越えるべく議論を重ね、「そもそも既存の権利は、多数派の発想であり、当たり前と思われる権利が保障されない生徒にこそ、特別な配慮が必要なのではないか」という結論に至りました。まさに今日の「合理的配慮」の考え方です。そして、前掲の入学条件は、「（身体的）介助を要せず、一人で学校生活を送れること」に改められています（図1）。

図1　既存の権利と多数派・少数派

# 2 インクルーシブ部の活動

　このころ、聴覚障害のある生徒が複数在学していても、何ら配慮や工夫のない授業環境、生活環境の中で、社会的な不利を感じつつも、学校に何かを言うことは諦めているという事例が紹介され、それぞれが「個別のニーズ」をもっていることもわかり、障害についての研究、学習が必要であることが高等部教員団で確認されました。

　同じころ、「学校は何もしてくれない」「担任は何もしてくれない」という保護者からの訴えが、担任や学年主任を悩ます事例も見られるようにもなってきました。不登校生徒についても教員が個人的に支援するしかない現実が表面化してきました。不登校生徒をインクルーシブ部が扱うことについては議論がありましたが、これに着手し、高等部内の研究会でレポートを報告するなどする中で、少数者に光を当てることで、多数者にもどのように発達保障をしていくのかを考える機会になっていきました。同時に、教員は、学校はどこまで引き受けるのか、生育歴や背景にどこまで踏み込んでいくのかなど議論になっていきました。その中から出てきたのが、「サポートチーム」「自助グループ」です。

　「サポートチーム」は、ニーズに応えてその子の教育目標を達成させるために必要な役割と権限、技能をもった人物で構成し、チームとして連携していこうという考え方をもつ集団です。現在では、担任が1人で抱え込むのではなく、複数の目で見て、その問題の対応に迫っていくという視点も加わり、さまざまな生徒へのサポートチームがつくられています。

　「自助グループ」は同じような立場の生徒を本人の主体性に基づいて集め、共感的な関係をつくり、具体的な問題について意見交換します。

参加生徒自身がエンパワーメントしあうピアグループです。

　これら2つを大事にし、生徒が学校に要望することを諦めず、意見表明権、自治活動参加への保障という観点から、教育内容に落とし込み、生徒に諦めさせない方向性を打ち出していきました。その後は、個別のニーズを大切にしながら、合理的配慮を行い、実践研究を職場に提起する部になっていきました。

# 3 実態把握のための一覧の充実へ

　学校では、さまざまな個性、特徴をもっている生徒たちが学校生活を送っています。スポーツが苦手な子、発言することが苦手な子、板書を写すことが苦手な子、車椅子を使っている子など、さまざまな生徒たちがいるからこそ、互いに刺激し合い学校生活が意味をもつわけです。

　そのため、お互いを理解し、また、自分のことを理解して充実した学校生活を送ることができるように、インクルーシブ部が毎年、職員会議に目標や具体的展開を提案し、多方面から活動しています。

　会議で趣旨などに反対意見が出なくても、具体的な行事計画などではさまざまな見解が議論されます。それらを経て、行事や支援を実施していくことによって、教員も肌で特性のある生徒を支援することの意義を理解し、多様性が織りなす人間関係の大きさを実感していると感じています。

　もちろん、インクルーシブ部だけで何でもやろうとするのではなく、保健室やカウンセラー、担任、学年教員などさまざまな教員で協力してサポートをしていきます。また、教員の間では担任優先の風土もありますが、生徒の立場に立って、担任には相談できなくても、ほかの人には相談しやすいような環境もつくり、担任やカウンセラーなどをつなぐ役

割なども担っています。そのようにしてたくさんの大人がかかわれるような仕組みをつくっています。

　インクルーシブ部では、入学時に、「障がい・発達課題に関する調査票」（以下、調査票）を任意で提出してもらっています（資料1）。これは、学校生活を送るうえで学校側に知っておいてほしい、このような配慮をしてほしいなど、自分の努力だけではどうにもできないことをなるべく早く把握し、生徒を理解してサポートすることにつなげられるように提出をお願いしています。この調査票は、なるべく家庭で生徒自身と確認して記入するように促しています。

　また、調査票だけではなく、中学校からの引き継ぎ資料も大切です。中学校時代に受けてきた配慮は、高等学校への入学後も合理的配慮を求められる可能性が高く、入学後すぐに生徒や家庭とコンタクトをとるためにも入学前からその資料集めに力を入れています。

　そのようにして集めた資料から、毎年入学した生徒について、「特別な配慮を要する生徒についての学年別一覧リスト」（以下、配慮リスト）を作成しています。これは、2005年度に1学年の主任が作成して以来、インクルーシブ部長をはじめ、副校長、教頭などが協力して作成しています。この配慮リストに基本情報①病名や障がい名・特性、②診断・受検や服薬の有無、③連携している医療機関等、④生徒の実態（学習面・人間関係・運動・生活面等）、⑤本人の苦手・困難や合理的配慮・支援などの対応、⑥親子関係や友人関係、⑦本人や保護者とのやり取り、⑧その他教職員で共有・引き継ぐべき情報を盛り込むようにしています。実は数年前までは、1学期が終わるころに担任がクラスの配慮を要する生徒の実態について「個別レポートシート」を作成していました。しかし、全体を網羅している配慮リストと、個別レポートシートの両方があることで、生徒対応で困ったときに、どの資料に当たればいいのかわかりに

くいという声が多かったことから、2021年度からは個別レポートシートを廃止し、配慮リストに一本化しました。その分、配慮リストに情報を詳しく書き込むことにしました。

　配慮リストは入学時に作成したままではなく、1年、2年と年末と年度末の学年会で加筆することを議論し、色分けをして加筆しています。資料にあることだけではなく、学校で生活していくうえで、課題が見えてきたことや、出来事、保護者との対応などを書き加えていきます。そうして資料を一本化することで、気になったときに気軽に確認することができるように変更していきました。

　いまだ取り組み方や資料についてはつねに検証しながらですが、生徒指導により活用しやすいものを目指して模索しています。つねに何のための資料、記録なのかを問われながら、目的をはっきりと提示して教員に意図を伝え、加筆修正し、資料づくりにあたっています。

　入学後の生徒の追跡としては、定期試験の際に赤点、無評定がつく生徒に対して、教科部会で「気づきのシート」（資料2）を書いています。これは、高等学校では、担任が自分の教科以外での生徒の様子をすべて把握することは難しいため、赤点が出た生徒と面接をする際や、その後の指導に役立てるものです。たとえば、教科の視点から、どのような面で理解しにくさがあるのか、提出物の提出状況や欠時間数等を見ることができ、大変有用です。赤点が出たすべての教科で書いて出してもらい、それをファイルにして、学年会、担任、面接者などに見てもらえるようにしています。そして面接で、赤点になっている理由や、その生徒の苦手なことがわかることで、今後どのように授業を受ければいいのか、どのように単位を習得できるのかを探る手助けにしています。

　3年生の卒業前には、「生徒進路記入シート」（資料3）を、担任が記入します。これは、記録のためで、こちらも以前は個別レポートシート

の後ろにファイリングしていましたが、それでは生徒個々の名前やクラス等を思い出せないと資料に当たりにくいという課題がありました。そこで、3学年の担任が、進路指導の際に参考にする等のためにも、障がい、特性ごとにファイリングしていくように変更しました。これには、どのような受験方法で出願前に大学とどのように話をしたのか、試験での配慮や入学後の配慮についてどのように大学と交渉していったのか等が残されています。次の3学年の担任が生徒の指導において参考にできるように考えました。

　このように生徒の実態把握をするために、一覧を充実させることに力を入れています。つねにその資料は何のためにつくられていて、どう活用してもらいたいのか、こちらの意図を教員が理解し、意識してもらうことで、生徒に還元されるように心がけています。また、資料に留まらず、インクルーシブ部では、調査票提出生徒、配慮リストに載っている生徒については、3年間継続して意識的に見ていくことにしています。入学後に新たに障がいがわかってくる生徒や、保護者との問題なども加筆していき、入学後の生徒たちの生活に寄り添っていきたいと思っています。

# 4 合理的配慮の提供

　2016年4月から「障害者差別解消法」が施行され、「合理的配慮」の提供が法的に義務づけられ、私立学校にも努力義務が課せられることになりました。B校でも、生徒や保護者からの申請があれば、その都度検討することになっています。生徒の合理的配慮の申請は、年間6件から8件くらい新規にあります。申請を受けたインクルーシブ部は、まずは

障がい・発達課題についての調査票（可能であればお子さんと相談の上、保護者が記入してください）

記入日　　　年　　　月　　　日

| ふりがな | |
|---|---|
| 氏　名 | 生年月日　　　年　　　月　　　日生　　男・女 |
| 出身中学校 | |
| 住所 | Tel: |

**障がい・発達課題発見のいきさつと事実**

<最初に障がい・発達課題について認識した時期と状況（担任との面接などのやり取りも含める）>

<診断の有無と時期、診断機関>
・診断の有無（有 ・ 無）　診断時期（　　　　　）
・診断名［　　　　　　　　　　　］　診断機関［　　　　　　　　　　　］
・手帳の有無（有 ・ 無）有の場合手帳の種類（療育手帳・身体障がい者手帳・精神障がい者福祉手帳）
・具体的事実（視・聴覚の場合は視力やデシベルなど）

<現在かかわっている専門機関と内容>
・専門機関［　　　　　　　　　　　］
・頻度（月に○回程度など）（　　　　　　　　）
・治療や訓練の内容・現状の有無

<特別支援学級などへの在籍について>
・在籍（している ・ していない）
・通級（している ・ していない）
・いつから（　　　）いつまで（　　　）
・支援学級のサポート内容や程度

**中学入学までの経過**

<小学校への登校　専門機関のかかわり、全般的な生活上の様子とその特徴>

**中学時代の生活・学習**

<日常生活での自立の状況・家庭生活の様子>

<集団生活への適応（出席状況・友人関係や仲間の中での状況）>

<学習の状況（学習の定着状況や家庭での学習の様子）>

**具体的な状況**

<中学校で受けていた支援（学校・先生に伝えていたこと）>

**告知と公表**

・本人に告知（した ・ していない）　告知の時期は（　　　年　　　月頃）
・告知した時期の内容と伝え方

・公表は（クラスの生徒に　公表した ・ 公表していない）時期（　　　年　　　月頃）
　　　　（クラスの保護者に　公表した ・ 公表していない）時期（　　　年　　　月頃）
・公表の内容と伝え方

**本人の特性理解**

□本人告知を受け、診断名を知っている　□本人告知は知らないが、特性は知っている　□診断名も特性も知らない
□本人を認めようとはしない　□診断名は知らない、特性だけ伝えられている　□診断名を悲観的にとらえている　□診断名を前向きにとらえている
□障がい特性を気にしていない　□障がいを友人には話している　□診断名を友人に言っている　□言っていない
特記事項・その他 <全般的な生活上の様子と本人の特性像>

**資料 1　障がい・発達課題に関する調査票**

2021年度　気づきのシート

教科（　　　　　　　）　　　　　　　担当者（　　　　　　　）

* 必修・選択授業で学期の評定が1または2（未修得）となった生徒の状況を書いてください。無評定は（　）で括ってください。
* 中間・期末の欄は素点を記入してください。また「取り組みの様子・本人の状況」を記入してください。裏面にある「見るべき観点」を参考に、要点を記入してください。

| 科目 | 年 | 組 | 番 | 名前 | 一学期 | | | | | 二学期 | | | | | 三学期 | | | | 学年 | |
|---|---|---|---|---|---|---|---|---|---|---|---|---|---|---|---|---|---|---|---|---|
| | | | | | 中間 | 期末 | 欠席 | 評定 | 取り組みの様子・本人の状況 | 中間 | 期末 | 欠席 | 評定 | 取り組みの様子・本人の状況 | 期末 | 欠席 | 評定 | 取り組みの様子・本人の状況 | 評定 | 次年度への引き継ぎ事項など |
| | | | | | | | | | | | | | | | | | | | | |
| | | | | | | | | | | | | | | | | | | | | |
| | | | | | | | | | | | | | | | | | | | | |
| | | | | | | | | | | | | | | | | | | | | |
| | | | | | | | | | | | | | | | | | | | | |
| | | | | | | | | | | | | | | | | | | | | |
| | | | | | | | | | | | | | | | | | | | | |
| | | | | | | | | | | | | | | | | | | | | |
| | | | | | | | | | | | | | | | | | | | | |

資料2-1　気づきのシート（表）

≪気づきのシート・見るべき視点≫
注意すべき生徒の様子

| | |
|---|---|
| 読む・書く | 文章の内容が理解できない。 |
| | 音読が遅い。 |
| | 文中の語句や行を抜かす、繰り返し読むなど、読んでいる場所が分からなくなる。 |
| | 文法的に正しい文章で記述できない。 |
| | 読みにくい字、独特の筆順で書く。 |
| 聞く・話す | 一度の複数の指示が理解できず、混乱する。 |
| | 聞くだけでは理解できず、板書やメモでの指示が必要である。 |
| | 個別に言われると聞き取れるが、集団場面では難しい。 |
| | たびたび言葉につまって、不完全な話し方をする。 |
| | 知識は豊富だが、一方的に話す。 |
| 計算する | 簡単な計算の暗算ができない。 |
| | 計算をするのに大変時間がかかる。 |
| | 文章問題を解くのが難しい。 |
| 英語 | 3語文程度の英語を聞いて、理解することが難しい。 |
| | まねて言うことはできるが、理解することが難しい。 |
| | 4文字以上の単語を読むことができない。 |
| | 2～3語文程度の文章を読んで意味を理解することが難しい。 |
| | アルファベットが正確に書けない。（大文字と小文字、bとdの区別など） |
| 順序、展開の理解・論理的思考・応用力 | 物事の因果関係の理解が困難である。 |
| | 早合点や、飛躍した考えをする。 |
| | 物事の順序立てができず、予測を立てられない。 |
| | 目的に沿って行動を計画し必要に応じて修正することができない。 |
| 板書などの作業・手先の器用さ | 板書を写すのに時間がかかる。 |
| | 教室移動、着替え等に極端に時間がかかる。 |
| | 授業中の作業で、目立って不器用である。 |
| 意思の疎通会話・他生徒とのコミュニケーション | 友人関係の持ち方が下手で、孤立しやすい。 |
| | 言葉の微妙なニュアンスが理解できず冗談が通じない。 |
| | こだわりが強く、臨機応変にふるまえない。 |
| | そのときの状況にふさわしくない言動をとることが多い。 |
| 注意力・集中力・態度 | 注意を持続できない。 |
| | 私語が止められない。 |
| | 突然機嫌が変化し、周囲の状況が眼に入らなくなる。 |
| | 行動に抑制が効かない。 |
| その他 | 約束を忘れてしまう。 |
| | 意味もなく反抗的である。 |
| | 「論理的にやってはいけないこと」が理解できていない。 |
| | 服装や持ち物が、きわめてだらしのない状況である。 |

資料2-2　気づきのシート（裏）

# 生徒進路記入シート

（記入年月日　　　　年　　　月　　　日　　記入者名　　　　　　　　　）

| 年　　　月　入学<br>年　　　月　編入<br>年　　　月　卒業・転学・退学 | 氏　名 | 内進・外進 |
|---|---|---|
| 障がい名 | | |
| 障がい程度<br>引継ぎ事項 | | |

| | | ・指定校推薦<br>・ＡＯ入試<br>・公募推薦<br>・一般入試 |
|---|---|---|
| 進学・就職先 | | |
| 成績・評定平均<br>（科目の得意・<br>不得意など） | | |
| 本人の将来の希望<br>（業種・職種など） | | |
| 保護者の希望 | | |
| 連携・相談した<br>外部機関とその意見 | | |
| 進路決定の際<br>障がいについて<br>配慮したこと | | |
| 進路決定までの経過 | | |

資料 3　生徒進路記入シート

担任に相談し、担任から診断書の提出を保護者に依頼します。あわせてそれをクラスの生徒にどう伝えるのかを相談してもらっています。

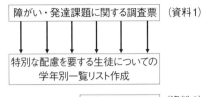

図2　資料作成と活用の流れ

合理的配慮は、ほかの生徒が「なんで○○さんだけ授業中に黒板の写真撮っていいの？」「ずるい」「自分もやりたい」などと言われないように、「自分は○○することが苦手な特性があります。そのため授業中に黒板の写真を撮らせてもらいます」というようにクラスに訴えます。クラスからは「いいよー」「了解」「いいんじゃない」「わかったー」などの声が上がり、合理的配慮が成立していきます。クラスメイトに伝えることが、当事者生徒にとって、一番ハードルが高いのですが、周りにも理解してもらうことを大事に考え、伝えてもらうことを必ずしています。

高校生ではありますが、まだ自分の口からは言えず、担任の先生から伝えてもらう生徒もいます（一応、本人から伝えることを第一目標にはしています）。担任から、クラスに「○○さんは○○することが苦手な特性があります。なので、○○することを皆さん理解してください」などと話すこともあります。以下が高等部での配慮条件の要件になります。

## 【配慮検討の条件】

＊本人と保護者等からの申し出（担任や教科担当者からのアプローチも）

＊専門機関や医師などの客観的な見解（診断書等）

＊告知がされている（本人が理解している）

＊クラスへの公表

合理的配慮の希望が本人と家庭から出た際、担任がよく聞き取り、学

年会で検討し、診断書を添付して、インクルーシブ部で提案文章を作成します。その資料を高等部の職員会議にインクルーシブ部から提案し、会議で教員全体に情報共有し、承認してもらい、全教員に知ってもらったうえで、合理的配慮が成立していきます（図3）。

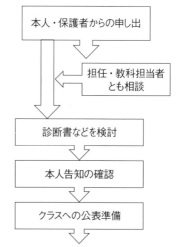

図3　合理的配慮の提供までの流れ

本人・保護者からの申し出

担任・教科担当者とも相談

診断書などを検討

本人告知の確認

クラスへの公表準備

　原則診断書の提出を条件にしている理由は、自己理解があったうえで合理的配慮をしていきたいと考えたこと、今後の大学受験、就職などで配慮を申請する場合にも必要であろうことを見通してのことです。大学入学共通テストでも提出が必須になりますし、大学進学後や就職後にも配慮を求めやすくなるからです。

　合理的配慮の説明は、高等学校が社会への出口の第一歩の場となるため、今の生活だけではなく、この先、生きていくうえでも、自分を理解し、権利擁護する体験にもなります。また、高等学校までで受けていた合理的配慮は実績となり、大学などでも同じように合理的配慮を受ける土台になります。

【合理的配慮の例】

＊Aさん……下肢マヒ、右側マヒ

→デジカメでの板書撮影に代わり、タブレットでの板書撮影を認める。ノート代わりにPCの使用可、別室受験、時間延長（1.5倍）。

＊Bさん……自閉症スペクトラム、LD（学習障害）

→計算のある教科（数学、物理、化学）の定期試験に計算用として別紙・白紙を使用。

＊Ｃさん……自閉症スペクトラム、アスペルガー傾向、聴覚過敏
→ノイズキャンセラーの使用可。

＊Ｄさん……心理検査より、目で見て理解・判断する力は高いため、図、表、メモのように目で見て把握できるものがあると、本人の力を発揮しやすい。また、聴覚的な記憶はやや苦手であり、一度に伝える量はできるだけ少なくしたほうがよい。
→黒板の板書を写真撮影、スマートフォンでメモをとる可。

＊Ｅさん……ディスレクシア、視野半盲、てんかん
→別室受験（時間延長）、授業中のiPad使用、国語、英語に関して授業中の配付プリントを可能な限り本人にデータで送る。それらのデータをiPadで拡大して見る、記入（打ち込み）する。英語に関して締切日について一定の配慮（猶予）を行う。すべての教科で板書やプリントの撮影可。授業中の小テストについての時間延長。配付プリントの拡大B4→A3。

　一部を紹介しましたが、本人とじっくり話して、その配慮について考え、道筋をつけていきます。同じ障害でも、どこにつまずいていて、どこが苦手で、どういう配慮が自分にとって助けになるのか、個別のニーズを引き出していくことが大切だと考えています。また、決まった後でも、試してみて、やはり別室受験は必要ないなど、家庭や本人からの要望で変更することもあります。つねに当事者の話を聞き、相談しながら探っていく姿勢を大事にしています。

## 5　学校のユニバーサルデザインを目指して

ユニバーサルデザインは、老若男女、文化・言語・国籍、障害の有無、

体格などにかかわらず、できるだけ多くの人が利用しやすいように物や、場（建物、空間など）をデザインすることです。さまざまな生徒がいる学校は、まさにたくさんの生徒が混在しており、ユニバーサルデザインされることで、皆がより快適に過ごせる空間に近づくと思います。実際に不便に感じている生徒、過ごしにくい思いをしている生徒は、性に関してもありますし、文化の違いについての違和を感じている生徒もいます。個別のニーズに対しては、どの生徒のニーズにも対応するという考えから、配慮をする生徒だけではなく、同じ教室にいる生徒も同じように過ごしやすくなり、成長できる機会にもなっていると思います。また、そうなるように仕組み、共生社会の実現につながることを願っています。

## 生徒会主催の球技大会での「特別ルール」について

　B校では毎年5月に生徒会主催で球技大会が行われています。これは、クラスごとにサッカー、バレーボール、バスケットボールの3種目（男女別で計6種目）に、クラスからチームをエントリーして、予選リーグ、決勝トーナメントで戦います。各チームの順位（1位から18位まで）に得点がつくだけでなく、この大会のためにつくったクラスTシャツのデザインや、そのTシャツを着た出し物などでも点数がつき、全校のクラス対抗の球技大会になっています。

　この大会では約20年前から、障害のある生徒も積極的に競技に参加できるように「特別ルール」がつくられるようになりました。もともとは、車椅子の生徒がいるクラスの実行委員と担任がその生徒の参加を話題にし、もっと積極的に競技に参加して共に楽しめるようにしたいという声へとなりました。そこで本人とも話し合ったうえで実行委員が生徒会に相談し、全校で共有しました。それ以来、毎年特別ルールはつくられています。特別ルールづくりの中心になっているのは、実行委員の特別

ルール担当生徒と、インクルーシブ部教員、生徒会担当教員、そして体育科教員から構成される「特別ルールチーム」です。

　毎年の特別ルールを考えるうえで、生徒会の球技大会方針が果たしている役割は大きく、ある年の方針には着目点として、「特別ルールを知る」「相手への気遣い」があげられ、みんなが気持ちよく楽しい球技大会になるようにということが強調されています。また、ほかの年でも「交流」「勝ち負けにとらわれすぎない」「健康的に身体を動かそう」という方針が掲げられたこともありました。近年では、「助け合い、知り合う」や「わかり合う、親しみ合う」ことを、目標に掲げ、感染対策をしたうえで行事の実現を目指しています。

　特別ルールチームでは、この方針を意識して、当事者はもちろん、クラスメイト、チームメイトの理解や合意、さらには審判を担当するクラブ員や対戦相手にも理解してもらうことを大事にして進めています。この特別ルールは単なる優遇ルールにならないようにつねに意識しています。具体的には当事者やチームメイトが練習すれば可能なことを、特別ルールの基準にすることを意識し、特別ルールづくりのための練習日を設けています。また、その練習やルールづくりの過程を広報して全校にも理解してもらっています。

## 「特別ルール」ができるまで

　まず、「特別ルールを知る会」を開きます。この会は、当事者とそのチームメイトが参加し、簡単な自己紹介の後、2、3年生の経験者に特別ルールの感想を語ってもらい、どの

生徒会生徒が制作した特別ルールに使用したバスケットゴール

種目に参加したいかやそのスポーツ経験の有無、中学時代の体育授業の参加についてなど交流し、ゲームに参加するためにはどのようなルールが必要かが話し合われていきます。

　その後、練習日にチームメイトと体育館に集まってどこまで自分が動けるのかを確認し、仮ルールの妥当性などについて話し合い、オープン戦という実戦形式での試行を経てルールを決めていきます。大変なことは、同じ障害であっても個々の当事者によって見える範囲が違ったり、同じ車椅子の生徒でも手に麻痺があるなど当事者の条件が違ったり、参加する種目が違ったりするため、複数のルールづくりが必要になることです。また、クラスの事情や人間関係もさまざまなため、チームメイトの参加が難しいクラスは、実行委員などの担当生徒が一緒に練習するなどし、その状況を担任に報告するなどの細かい対応が必要になっていきます。もちろん、こうした進行状況やルールを各クラスや審判団に広報していく必要もあり、教員の朝の会などでもインクルーシブ部の教員が随時報告をしながら進めていきます。

　以上、見てきたように、球技大会における特別ルールは、障害のある生徒に対して行事への参加を保障するだけではなく、ゲームの攻防やプレーへの参加を保障するものであり、自治への参加を保障するものになっています。ここで重要なことは、特別ルールはあくまでも本人の意思表明があることが前提にあり、障害があるからといって自動的にルールがつくられて起用されるわけではありません。そして、特別ルールづくりとは、当事者が意思表明できるような仕組みを準備するとともに、それにともなって起こる事柄についてサポートがあることを前提にして、生徒と教員で動いて保障を目指す活動であるといえます。

　昨年度からの新しい動きとして、生徒会の方針から出されたものは、「自分の選んだ性で競技に参加する」というものでした。LGBTQの生

徒も複数在学するB校では、男女別のチーム分けでは、当事者の生徒が選べるという仕組みをつくったものの、なかなか表明することも難しく、行事づくりとしても、学校のユニバーサルデザイン化を目指す視点としても今後の課題として考えているところです。

## クラスホームルームの特別ルールについて

　球技大会の特別ルールを経験した生徒たちは、学級のお楽しみ会などのクラスドッチボール大会などでも学級委員の提案から、特別ルールを設けて、楽しんで球技をしています。虚弱体質で体育はすべて見学している生徒、車椅子の生徒、靭帯損傷をしていて激しい運動ができない生徒等は、外野にいて、ボールを1つずつ与えられ、いつでも投げて当てていいというルールをつくって楽しんでいました。一緒に楽しむためにどのようなルールをつくるのか、ルールがあれば一緒に参加して楽しむことができることを経験的に知り、自分たちの運営するクラスのお楽しみ会でもそのようなルールをつくる力が育っていることをうれしく思います。

## 文化祭での取り組みについて

　文化祭では、各クラスの教室や壁を使い、さまざまな出し物や制作物がつくられます。そのため、廊下は作業物や道具で一杯になります。そこで、当事者を含む自助グループから生徒会へ「通路のスペース確保のお願い」という文書が毎年出されています。インクルーシブ部でも意識的に、出されていないときは、グループに声掛けをするなどしていますが、これは当事者からの声を届けることと同時に、誰もが安全に廊下を歩くことにつながっています。まさにユニバーサルデザインとしての行事の際の廊下の通路確保になっています。生徒会の生徒たちは、その要求を受けて、実行委員会で審議、採決し、確認した後、早朝や放課後の

生徒があまりいない時間帯に養生テープで120センチ程度の幅を確保して、校舎すべての廊下に線を引いていきます。そのことは実行委員が自分たちのクラスに伝え、そうした後、生徒たちは、その先からはみ出さないように廊下で作業を進めています。

　毎年文化祭後に「自助グループ」の会（当事者と友人たち）を開き、文化祭前の準備期間から、当日、片づけ日について、校内を自由に動けたのか、アトラクションなどに入ってどうであったのか、どのような企画に入ったのか等を聞き取り、交流しています。今年度は車椅子の生徒が２人いて通路の要求を出したこともあり、どうであったかを聞きました。

　「不便なく校内を動き回ることができた」「プラネタリウムに入るときなど、『狭いけど大丈夫？』と企画クラスの子に聞かれたが、入れたし、大丈夫だった。とても中が綺麗だった」「印象に残ったのは廃墟探索。車椅子を押してもらって、スロープのところなど、車椅子でも通れるようにダンボールで鉄筋を覆ってあったが、それを壊さないか逆に心配した」「１年生の廊下は、『通りまーす』というと避けてくれたりして問題なかった」「自分たちのクラス作業では、折り紙で風車をたくさんつくる作業をしたり、ミサンガづくりをした」「廊下でやっていたお化け屋敷は楽しくて何度も行った。怖がりなのだけど、スリルを味わうことが楽しかった」「片づけの日はごみの分別を頑張った」などなど口々に文化祭での思い出を語ってくれました。

　また、友人同士も交流し、１つの自助グループになりました。

　障害のある生徒にインタビューしてわかったことは、当事者になるということは、聴覚障害があるからといって、聴覚障害や聴覚障害者問題を本人たちは知っているわけではなく、ある学習や考える機会がなければ、（意見表明や権利擁護ができる）当事者になることはできないということです。学校生活の中で、さまざまな経験を通して、当事者として世の

中に出ていく際にも、意見表明ができ、権利擁護ができる力を育てられるようにインクルーシブ部では今後も活動をしていきたいと思います。

## さいごに

　先輩たちが議論し、築いてきたインクルーシブ部を中心としたB校の実践を振り返ると、学校の伝統に依存せず、あくまで生徒主体で、多様な生徒が成長するための枠組みに変更ができる学校文化であったことを誇りに思えます。また、その努力によって、生徒たちも支援される側だけでなく、周囲の生徒も含めて、子どもの権利条約に基づいて、大人に尊重され、互いに尊重し合う高校生活を送れ、権利が侵害されたり、社会的弱者に対する嗅覚も鋭い生徒が育っていると思えます。

　多様性教育やグローバル教育が叫ばれていますが、身近なところに社会を見直す視点があることを肌で感じられる高校生活、学校生活を提供できるよう、さらに頑張っていきたいと思います。

（会田羽衣）

**本章のポイント！**

①学校の理念を具現化するための問い直し

②実態把握から支援の見直しをはかる

③合理的配慮の充実

④行事から生まれたインクルーシブ教育へのうねり

# コラム⑥ 少子化の中、地方私学の善戦

　首都圏でも少子化が進む中、私学が生き残るのは容易ではありません。それぞれ特色を出して、入学者確保に必死です。地方であれば、なおさらのこと。五所川原第一高等学校（以下、五一高）がある青森県では、公立高校でも定員割れが続き、統廃合が進んでいます。この10年間で県内の高等学校生徒数が25％も減っている中、五一高の資料は入学者数なので単純に比較はできませんが、10％減に踏みとどまっています（下図）*1。

　特別支援教育を標榜すると、受験者数を減らすことになるのではないかという懸念を抱く関係者は多いですが、五一高は、個々の生徒を伸ばし自己実現を支援するという理念を学校の特色として表明することで、善戦しているといえます。また入学者の14％の生徒が最初からアシストクラスを希望している実態も、私たちはまっすぐに受け止める必要があると思うのです。（髙橋あつ子）

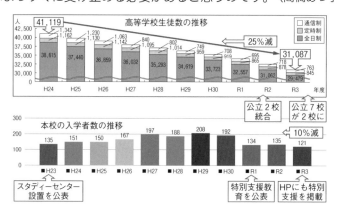

*1　上図：青森県教育委員会「学校一覧（暫定版）調査資料 No.1」令和 4 年度、5 頁
　　下図：五一高の資料より髙橋作成

第**6**章

# 私立学校に期待されるもの

## 〜私学としての学校運営、
## 学校経営の視点から〜

# 1 私立学校に期待されるもの

　私立学校である以上、公立学校と比べて、「生徒の個性が大切にされる教育」、「1人ひとりが大切にされる教育」がなされることが期待されるでしょう。現在でも首都圏ではなお私立中学校ブームが続いており、各学校から提示されている私立学校の建学の精神に基づく特色ある教育をホームページなどで見ながら、小学生だけでなく保護者が「学校選び」を真剣に考えています。私立の小学校受験ともなれば、「学校選び」は保護者が中心とならざるを得ません。私立小中学校受験のための塾に通う子どもたちも多いはずです。

　しかし、私立学校入学までには、塾の費用、入学後も授業料をはじめとした経済的な負担が求められます。また受験に臨む際、それぞれの子どもの状況にもよりますが、発達段階における過度な負担や生活リズムの乱れ、親子や友人との関係性の希薄さ、偏りなどが生じることすらあります。それらは、学校の入試における難易度如何にかかわらず、入学後の子どもの学校生活に大きな影響を及ぼしている場合がよく見られます。これらの負担を乗り越えて入学してくるだけに、その負担に相応しい教育への期待が生じるわけです。

　一方、私立高等学校においては、2010年代に私立高等学校への就学支援金制度が整備されたため、経済的な理由で敬遠していた家庭も私立高等学校を選びやすい状況が生まれました。加えて、この20年間に、私立通信制高等学校の数が増えただけでなく、内容や形態も多岐にわたった学校が生まれ、増えてきました。不登校傾向の生徒などを想定して整備されてきた通信制高等学校ですが、今日では、全日制の高等学校と異なる魅力を感じて選択するケースも増えてきたようです。これらの状況下、

一般的な私立高等学校においても、従前にも増して、さまざまな個性を
もった生徒が入学している現実があります。その個性が強いほど、「個
性が大切にされる教育」を求めて私立学校に期待し、学校もこれまでの
ように一定の質を有した生徒に限定できない事情から、受け入れ後の教
育活動ならびに生徒への対応には新たな課題も見えてきそうです。

## 2　私立学校の建学の精神と生徒を育む教育

　私立学校には、それぞれの学校で創立者がおられ、学校創立の意義、
目的が「スクールミッション」として存在します。明治期以来、それぞ
れの時代背景の中で、学校の建学の精神が掲げられており、どの学校に
おいても生徒の人格形成とつながりのある側面を見つけ出すことができ
ます。とくに、建学の精神が宗教を基盤とした学校であればなおさらで
す。学校教育において育むものは、従来、ともすると測定可能なスキル
や能力を中心に考えがちでしたが、私立学校における「建学の精神」か
ら眺めれば、人間性や人格形成に至る範囲も包容、包括しているものが
多く見られます。現行の学習指導要領で提示された3つの学力も、この
ようなことがいわれるはるか以前から、私立学校の建学の精神にはすで
に提示されているものですし、現代的な視点で修正を加えつつも、そこ
に立ち返ることが大切だと思います。

　「Education2030」[*1]においても、人格形成も含めた学力観が提示され
ていますが、それらの考え方を在校する全生徒たちに具現化するために
は、「特別支援教育」の視点がとても重要になると考えています。折し
も「すべての教員に特別支援学級の担任を」（文科省、2022）[*2]という提言
も出されているのは、いわゆる通常学校を含めたすべての教員に対して、

---

＊1　OECD（経済協力開発機構）が2015年に立ち上げたプロジェクト。正式名称は「OECD Future of
　　Education and Skills 2030 project（教育とスキルの未来2030プロジェクト）」https://www.oecd.
　　org/education/2030/E2030%20Position%20Paper%20（05.04.2018）.pdf
＊2　文科省「特別支援教育を担う教師の養成の在り方等に関する検討会議 報告」2022年3月31日

「特別支援教育の知見が必要であること」の方向性を明示されたものと理解できます。

# 3 キリスト教主義学校への期待から

　私立学校としての学校教育への期待に加えて、建学の精神がキリスト教主義学校であれば、なおさら「個性を大切にされる教育」「1人ひとりが大切にされる教育」のイメージが強くなります。キリスト教主義学校の建学の精神、創立者の言葉の中にも、その内容が聖句や標語で語られている場合が多く見られます。たとえば、同志社の創立者・新島襄は、「人ひとりは大切なり」との言葉を遺しています。

　また、キリスト教主義教育が基盤とする聖書のお話の中にも、イエス・キリストとの出会いの中で、「悔い改めと救い」を体験していく物語が綴られています。さらに、99匹と1匹の羊のたとえ話の中で、「1匹」の羊を追い求めること（新約聖書：ルカによる福音書15章）も、1人ひとりの生徒をケアしていく例としてよく語られるものです。

　その意味では、生徒が何か失敗をしたとしても、1人ひとりが立ち直る機会と指導を行っていくことがキリスト教主義教育の教育観の根底にあると考えられるのです。その教育観をベースにした教育的な指導、とくに生徒指導から生徒支援におけるアプローチを生かす取り組みは、「特別支援教育」に流れる理念につながっていると考えられます。

## 4 義務教育課程と高等学校教育課程

　高等学校における指導においては、教育課程に位置づいた単位取得が基本となり、生活指導上の課題がある生徒に対しては、ときに処分という形での指導が俎上に載りやすいのも事実です。

　私立学校では、小中学校においても「退学」規定を設けている学校がほとんどで、この点は公立学校と大きく異なっています。在籍維持や進級条件に合わなければ、何らかの処分という指導がなされるのです。しかし、これは問題となる行為や結果に対しての一過性の個別的な指導とも考えられる点が課題だと認識しています。本来は、問題の原因を探り、その改善やその後の継続的な指導をしていく別のアプローチが求められても、退学などの処分があれば、その必要性は薄いままですんでしまうのです。

　この問題行動への対処について、有効なアプローチの1つとしてカウンセリングがあげられます。私立学校、とりわけキリスト教主義学校においては、歴史的に早い時期からその取り組みが進められてきました。たとえば、プロテスタントのキリスト教主義学校（キリスト教学校教育同盟）の関西地区のカウンセリング研究会は、すでに60周年を超えた歴史を有しています。日頃から生徒に接する担任や生徒支援に関係する教員や関係者などが考え方を学ぶ研修会や事例をふまえた研修会、基礎研修講座などが学校間を超えて開催されてきました。それぞれの学校においても、カウンセラーも教員と連携し、生徒本人を中心に保護者を交えて課題の打開策、対応の方向性について考える場を設けています。心が傷ついた生徒、不登校の生徒などのケアや具体的な対応も考えていく風土があるのです。キリスト教主義学校であれば、牧師やチャプレン、宗教

部のスタッフが加わる場合も考えられますし、今日ではソーシャルワーカーや教育相談員など、いろいろなメンバーも関わり合いながら、実践を進めている学校もあります。

　とくに、さまざまな特性をもった生徒に対して、対人関係に必要なソーシャルスキルトレーニング（SST）が有効ですが、「個性を生かす教育」を標榜している私立学校では、生徒支援にかかわるそれぞれの方のスキルや専門性を活かしながら取り組んでいけるとよいと考えています。これらは、校内だけでなく学外の専門機関とも連携し、学校全体として継続的・多層的な指導をつくりあげていくことがポイントとなるでしょう。義務教育段階である中学校以下では、より粘り強く多面的・多層的な指導や保護者対応が求められます。したがって、より一層、継続的・多層的な指導を重要視する教員文化やそれを遂行できる教育力が求められるのです。


## 5　「困っている生徒」への対応—あるキリスト教主義学校・中学校における実践から

　いまから10年以上前、『困った子は困っている子』（大和、2006）[*3]のタイトルに目が留まり、はっとさせられたことがありました。教員にとって「困った子」の存在は目につきやすいのですが、本当はその生徒自身が一番「困っている」ということに気づくことが大切なのです。「困っている」生徒の対応には、以前より、こころの健康や発達特性にかかわる知識や技能も有している必要性が大きくなっています。それに加え、保護者対応も複雑になってきており、私立学校においてもその複雑さは容易なものではないケースも増えている現実があります。

　それでは、これらの背景を踏まえて、C校における特別支援教育の取

---

＊3　大和久勝編著『困った子は困っている子』クリエイツかもがわ、2006年

り組みと教職員の意識の変化を紹介しましょう。C校は、大学を含む学校法人が運営する学校の1つで、中学校としての独立性を有する、生徒数900名（1学年36名×8クラス）規模の学校です。高等学校への内部進学者は98％程度、生徒の個性を尊重し、さまざまなことに挑戦できる自由な校風の学校です。

## カウンセリング研究会

　C校では、40年以上前から「カウンセリング研究会」という名称の会議が、毎週定期的に開催されています。長年、生活指導部が主催していた会議に、保健部（養護教諭）も参加し調整する会議に変化させていきました。毎週定例曜日の授業後にスタートし、30分を1コマと設定し、「困っている生徒」がいると感じた担任が事前に予約して相談をもちこみ、協議が行われます。カウンセリングやカウンセラーとのカウンセリングには至らないケースの教育相談等を受けた生徒や保護者について、今後の対応を話し合い、協議することもあります。必要に応じて、管理職などが担任にこの会議に相談するよう促すこともあります。通常、生活指導部、養護教諭、カウンセラー、特別支援教育指導員、教員相談担当等が参加し、ケースによっては、教頭など管理職も参加します。また、この時間帯とは別に、カウンセラー（2名）と教育相談員（1名）が週1～2日程度、生徒や保護者のカウンセリングや教育相談を行っています。これらも、「カウンセリング研究会」と連動して進められる場合がほとんどです。

　一般的に、カウンセラーには守秘義務があるとされますが、スクールカウンセラーは、「カウンセリング研究会」のような学校のケース会議、カンファレンスにおいて、必要な情報を一定程度開示し、生徒指導に生かしていくという共通理解で連携しています。これに関しては、「カウンセリング研究会」に参加する教員にも共同の守秘義務を守る責任が求

められており、その重要性は認識されています。また、最近では、発達
に特性のある生徒への対応が増加してきているので、「受容型」のカウ
ンセリングをベースにしつつも、発達に特性のある生徒の指導にかかわ
るSSTなどを誰が担っていくのかを検討し、カウンセラーの対応と教
師の指導の異同を整理する必要も出てきています。役割だけでなく、
個々のカウンセラーの持ち味や、得意とする支援と関連させてチーム力
を上げていくことを大事にしています。

## 「特別支援教育」への第一歩－新たな体制づくり

C校の「特別支援教育」導入（2007年度）は、学校生活における対人
関係に課題をもった生徒への対応として、必要に迫られたところからは
じまりました。ちょうど、特殊教育から特別支援教育へ転換する時期[*4]
とも重なり、「さまざまな課題をもった生徒のニーズに応える」という
趣旨で、学校長より「学校通信」を通じて保護者に説明を行いました。

導入経過においては、先述のキリスト教学校教育同盟カウンセリング
研究会、C校保健協力委員会（C校保護者）の精神科医、京都市教育委員
会の特別支援教育の指導主事などの専門家のアドバイスを聞きながら、
管理職である校長、教頭を中心に取り組みを進めていきました。関係教
員対象の研修会からはじめ、竹田契一先生（現大阪医科薬科大学LDセン
ター）を招いての全教職員研修会も実施しました。

この時期、多くの学校で見られたことですが、C校でも例外なく、こ
れまでの生徒指導の「常識」では通用しないことが起こりはじめていま
した。これまでは話せばわかると思っていたわけですが、指導しても言
われたようには行動しない生徒に出会い、「生徒が悪いか、教員の指導
力がないか」という問い直しも求められるようになっていました。発達
に特性のある生徒の中には、人の気持ちやその場の状況がわかりにくい

---

*4　2006（平成18）年に「学校教育法の一部を改正する法律」が公布され、2007（平成19）年より従来
　　の特殊教育から特別支援教育へと転換された。

こともあり、とくに従来からの常識では通用しにくく、「善意」で教員側が指導していても、生徒の対応としては逆効果となっていることにも気づきはじめました。

　この時期に、特別支援教育指導員を配置しましたが、これには管理職である校長の判断と、制度面には理事長の理解があったことが実現につながりました。ただし、その適任者の選考も、臨床心理士の資格を有するだけでなく、中学生の学習方略や対人関係の支援が可能な人という条件で行いました。

　また、場所の確保、費用、そして組織の動き、保護者への対応、生徒への啓発など、これらを判断し遂行するには、大変な準備と労力もともないました。この遂行にあたっては、生活指導部、保健部など校務の一部署の範疇を超えた、学校全体としての位置づけが必要です。とはいえ、少数の特別な支援が必要な生徒に対して、対人関係に必要なソーシャルスキルをどのように獲得させていくか、手探りの中ではじまった取り組みでしたし、それが現在にもつながっているのは、必要性に突き動かされてのことです。

　しかし、特別支援教育を専門としていない一般的な学校、それも単独の一私立中学校だけで行うことの限界も生じてきます。対象人数や支援内容にも限界を感じる中で、保護者や家庭の協力も得ながら、専門機関などと連携しながら学校としての指導力、支援力を培っていく必要もあるでしょう。現在では、すべての公立学校において特別支援教育が実施されていますが、私立学校においても特別支援教育を行っているのが当たり前にしていく必要があると感じています。

## サポートセンターの設置

　支援の拠点として、また取り出しでのSSTの場所として、サポート

センターを設置しました。当初、生活指導部に隣接した面談室を用いてスタートしましたが、手狭なこともあり、個別に落ち着く場所も含めてレイアウトを変えることにしました。

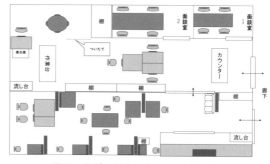

図1　サポートセンターのレイアウト

限られた予算の中、ベニア板で間仕切りをしてブースをつくり、使いやすいようにカーテンを取りつけるなど工夫をしながら、簡易な仕様でスタートにこぎつけました。同時に複数名が利用するときには、生徒同士のかかわりあいを生み出すために、テーブルも配置しました。3年後、2010年に新キャンパスへの移転予定もあり、新校舎の設計図には当初よりサポートセンターを位置づけました。

　サポートセンターでは、週5日、生徒の登校時間帯から1名の指導員を配置して対応しました。途中からは、「学生サポーター」の協力も得るようにし（1学期間はインターン扱いに）、近年では「公認心理師」資格取得に向けた実習の場として、心理学部の学生や大学院生が1日1名程度「学生サポーター」として活動しています。

　指導員はサポートセンターに常駐することで、クラスの授業に入ることもできますし、発達に特性のある生徒だけでなく、不登校生徒の対応も行うことができます。生徒たちが教室に戻るきっかけとしてのルート、人間関係のスキルトレーニングができる場所として用いられています。サポートセンター以外にも、生徒のニーズや状況に応じて、保健室や図書館などにも、生徒の居場所をつくる場合もあります。対象生徒としては、発達に特性のある生徒がメインではありますが、心理的な課題を抱

えている生徒、生活指導上の課題を抱えている生徒なども含めています。その意味で、すべての生徒を対象とした「さまざまな課題をもった生徒のニーズに応える」という当初の趣旨に合致しているといえるでしょう。

## 【学校でのチームプレイ①】担任1人で抱え込まないために－教員の健康管理、メンタルヘルス、バーンアウトを防ぐ視点から

　教職員研修等において、発達に特性のある生徒の特徴、傾向を学んではいましたが、生徒1人ひとりの状況は本当にそれぞれが違っていますので、その対応については、チームで取り組むことが求められました。

　自閉スペクトラム症には、孤立型、受動型、積極奇異型の3タイプ[*5]があるといわれていますが、積極奇異型の生徒がほかの生徒とかかわる際にトラブルを起こしやすいように思えます。生徒の状況にもよりますが、担任1人で対応するよりも、複数の教員が風通しよくかかわることが有効だと感じています。ただでさえ、学びや対人関係において困難さを抱えている生徒たちです。生徒同士だけではなく、教師との相性の問題も生まれやすいものです。注意を払いながら、そして、担任の負担になりすぎないように配慮しながら、保護者対応や生徒対応の役割分担を教員間やさまざまなスタッフ間で調整することも管理職として大事なことと認識しています。

　近年、「働き方改革」の一環として、労働安全衛生に関する学校を含む事業者への指導が強まっています。従来から、民間企業を含めたあらゆる職場において、メンタルヘルスを含めた健康問題がクローズアップされてきていますが、実際のところ、企業のほうでも、有能な社員が「心の病」によって休んでしまい、会社への打撃や損失が指摘されています。それらを回避するために、経営的な視点からもメンタルヘルス問題に対して積極的に取り組まねばなりません。「労働者の心の健康の保

*5　イギリスの精神科医ローナ・ウィング（Lorna Wing）は1979年に自閉症の行動的特徴を孤立型（他人との接触を避ける）、受動型（他人との接触も受け入れるが、自分からかかわろうとしない）積極奇異型（他人との接触を活発に行う）の3タイプにわけ、その後、「尊大型」（偉そうな振る舞いをする）を追加している。

持増進のための指針」(厚生労働省)*6にもあるように、2010年代以降、職場環境を改善する指導は年々強められています。近年、私立学校も労働法制上、民間企業の1つとして位置づけられています。2014年以降、学校管理職としては、民間企業と同様に、健康管理の一環として「ストレスチェック」を個々の教職員に対し実施し、希望者に対しては産業医によっての面談を行うことも義務づけられました。また、それらの結果をふまえて、各私立学校における労働安全衛生委員会において、職場全体の改善の方向性を審議することも求められています。このような法的な要請も受け、対人感情労働職種の1つである私立学校教員のメンタルヘルス保持への学校としての対処、最も基本的なこととして「1人で抱えこまない」サポート体制を組織として整備しておくためにも、「特別支援教育」の視点がやはり重要となるのです。

## 【学校でのチームプレイ②】チーム会議の開催―学校におけるリスク管理対応の一形態として

　「困っている」ことを申し出られたケースについては、まず生徒本人や保護者を含めたその家族など当事者の苦しみをどれだけ共感し、シェアするかということからスタートする必要があります。以前ですと、学校として生徒をどう理解しているかを伝え、あとは家庭の努力に託すような対応もあったのかもしれませんが、今は違います。教師1人の生徒理解だけでは十分ではないことを体験してきましたから、教師も1人で抱え込んだり、独走したりするのではなく、関係者、メンバーで情報を共有できるようになってきました。

　また、本人や保護者は認識していないケースでも、教師が困難に気づき、相談を開始するケースも増えてきました。いずれの場合でも、どのように保護者に伝えるかについても入念な協議を行います。また、保護

---

*6　厚生労働省「労働者の心の健康の保持増進のための指針」(メンタルヘルス指針、平成18年3月策定、平成27年11月30日改正)

者や本人に伝えなくても目の前で生徒にかかわっている教師が、できる支援から取り組む発想も根づいてきました。いずれにせよ、対応する関係者の打ち合わせ、会議などについては、従来のそれぞれの私立学校の生徒指導、カウンセリングシステムなどで対応しきれない課題をもった生徒、保護者ならびに状況が生じた場合には、学校としての「危機管理（リスク管理）」としての課題、状況であると捉え、管理職のリーダーシップのもとに、対処を進めていく姿勢が重要なのです。

　多くの学校では、全体の教員会議、学年会議などがありますが、従来の運営ラインとは別の形態で、関係者会議（チーム会議）を開催することが有用だと感じています。これらの課題の場合、生徒のいのちと健康にかかわる課題、メンタル面での課題、発達に特性のある生徒が当事者としている場合なども多く、カウンセラーや特別支援教育指導員などの専門職のアドバイスも得ながら、具体的な対応を検討していきたいものです。C校の場合、カウ

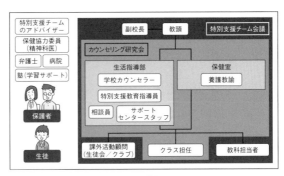

図2　校内の支援システム

ンセリング研究会の土壌があるので、それを拡大し、教頭や養護教諭が関係者を招集し開催しています。ケースによっては、学年担任団、クラブ顧問のメンバーだけでなく、副校長などの管理職も参加します。メンバーや開催頻度は、それぞれのケースや状況に応じて柔軟に決めて実施するようにしてきました（図2）。

　この関係者会議（チーム会議）の目的としては、担任、クラブ顧問、カウンセラー、指導員、相談員、その他関係者から、課題をもった生徒を

とりまく案件について、資料等をもとに情報提供してもらい、それらを共有しつつ、次の具体的な対応策を考える場と捉えています。

その対応策については、関係者が共通に理解し、生徒指導、保護者対応にあたることになります。かなり大がかりなケースの場合、対外対応にあたっては、教員だけでなく、職員も電話受付や保護者誘導など、最初の窓口となることもあります。特別支援教育をはじめ生徒指導にかかわる外部講師を招いての研修会を行う場合、教員だけでなく、職員も参加し、学校全体の課題であるという認識を高めることも重要です。このような関係者会議の開催やコーディネートは、管理職の重要な役割でもあるでしょう。

当該生徒の保護者に対しては、学校の指導を理解し、それに沿っていただくことが困難な状況でも打開できることを伝え、心理検査を受けることや医療機関等の専門機関への受診や相談を含めて協力を求めます。このような方針を共有できれば、学校も可能な限り生徒の成長をサポートしたいという意思（保護者と共感する思い）を、管理職として明確に伝えることが肝要だと考えています。心理検査を受けるにあたっては、「よりよい学力の定着と友人関係の安定化、これからの進路、社会人として将来仕事をし、生活していくために、どのような学び方、日常生活での対応の仕方の特徴を自分がもっていてそれにどう対処していくかを知るためのもの」というように、あくまで生徒自身の成長を願っているという視点で説明すると、

図3　管理職が保護者対応する利点

保護者の理解も得られやすいと感じています（図3）。

　このような語りかけでこれまで協力を断られたケースはほとんどありません。検査を受けたり、医療機関を受診したりすることによる不利益を危惧したり、プライドが許さないとして受け入れ難い等の誤解も、管理職の立場で丁寧に説明し、誤解を解きほぐしていくことで、納得されるケースがほとんどです。具体的な対応についても、必要があれば管理職も交えてコーディネートして提示していくと、協力的な姿勢で臨まれる保護者が多いのは私立学校だからかもしれないと思えます。

## 【学校でのチームプレイ③】今日的なコンプライアンス……いじめ防止対策推進法、障害者差別解消法における合意的配慮の義務化をふまえて

　2013年9月に制定されたいじめ防止対策推進法においては、私立学校を含めた各学校において、いじめ防止指針を策定し、その指針の中に「いじめ防止等の支援のための組織」の設置が義務づけられています。

　通常の生徒指導会議と異なり、会議構成員には、管理職や「心理、福祉の専門家を含めることと組織的対応」が義務づけられています。その際、専門職を含めた上記の関係者会議、チーム会議が日常的に開催される土壌があれば、いじめ防止推進法における会議についても、それらを重ね合わせながら構成して対応するイメージがつかみやすいはずです。とくに、「いじめ」については、発達に特性のある生徒が、被害者にも加害者にもなり得ることがあるので、両当事者のケアと指導両面にかかわって、特別支援教育の視点は軽視できません。とくに、加害生徒だった場合、「自分が正しい」という思い込みから脱却できないこともあり、自己理解や状況の理解、そのうえでSSTやグループワーク等を行う継続的な対応が必要となるケースも多いのです。被害を受けた場合も、自

分の心情を吐露できず、押さえ込んだまま身体症状が出てしまうことや、自傷行為に走りやすい等の傾向もあります。SC が一般的なカウンセリングをしても語ってくれない等、特性を見据えた対応が求められるのです。したがって心理職の専門家もスーパーバイズを受け、さらに法的な課題も整理しておく必要も出てきます。このように、管理職として、精神科医や弁護士とも相談することも増えてきています。

　一方、障害者差別解消法が2021年に改正され、これまで私立学校において努力義務だった「合理的配慮」も義務化されることになりました。発達に特性のある生徒を含め、さまざまな障害のある生徒に対して、教育内容面、人の配置を含めたサポート体制、施設面での改善なども含め、具体的な要請が強まることが予想されます。この法律改正への対処に際し、管理職として特別支援教育へのさらなる理解とそれぞれの私立学校での具体的対応を高める契機にしたいですし、学校間の実践の交流も求められていくことと思います。

## 学校間連携、学校外の専門機関との連携の重要性

　管理職としての対外的な対応の１つに学校間連携があります。発達に特性のある生徒を私立学校で受けいれる場合、たとえば、中学校であれば小学校、高等学校であれば中学校時代の情報が非常に重要となります。小学校から受け入れる中学校としては、遅くとも中学生１〜２年生までに、人間関係をつくっていくための SST を実施したいと考えています。思春期前半、とくに男子生徒は発達がやや遅めなので、まだまだ柔軟性、可塑性があり、さまざまな対応が可能である時期に、社会性の発達状況を把握し、育てる働きかけが望まれます。

　また、研修や具体的な対応の実践交流について機会が少ない私立学校においては、学校間や専門機関、サポート施設（塾なども含む）等と連携

して充実をはかっていく必要があります。義務教育段階では、すでに学校外での学習機会があれば出席や授業参加として認めていく方向性が示されていますから、私学においては、ますます管理職、とくに学校長としての判断の柔軟性も求められていくでしょう。

## 6 私立学校のこれから —特別支援教育の視点から

### 私立学校に入学した生徒は、私立学校で育てる—学校経営問題から見た特別支援教育

　不登校やさまざまな課題をもった生徒が学校に行きづらくなった場合、公立学校では地域に適応指導教室や相談指導学級を設置して対応できますが、私学に通う生徒も利用できるかどうかは、地域によって差があります（一ノ瀬、2017）[7]。また、あえて私学を選んだ子どもの中には、地域の相談室を利用したくないという思いももちやすいものです。そのため、学級には行けないが、学校には来られる生徒の居場所をつくっている私立学校もあります（水口洋、2018）[8]。

　しかし、単独の私学1校の努力には限界があります。そこで福岡県私学協会が十数年にわたって行っている取り組みが興味深いです。福岡県を4つのエリアに分け、それぞれの地域の高等学校で、学校に行きづらくなった生徒が通う場所として修学支援センターを整備し、そのセンターに通っていれば、学校を退学することなく、元の学校あるいは、特別な事情がある場合には、私立学校内での転校が可能というシステムです[9]。

　私立学校の退学問題は、生徒や学校の教育的課題だけでなく、学校とし

---

*7　一ノ瀬秀司「私学における不登校生徒のチーム支援モデルの構想—関係機関との連携による学校出席扱いの実践事例を通じて—」『日本学校教育相談学会千葉大会発表論文集』2017年
*8　水口洋「第4章　私学における特別支援教育の体制づくりの実際」髙橋あつ子編著『私学流　特別支援教育』学事出版、2018年
*9　福岡県私学協会　学習センター（https://www.f-sigaku.com/support/）2022年10月20日閲覧確認

て財政問題にも直結します。単独の私立学校での取り組みに限界がある中で、地域の私立学校全体として取り組みを進めてこられた画期的なシステムといえます。その後、京都府や神奈川県でも、福岡県の取り組みを参考に私立学校に通う生徒に対する相談をはじめ、メンタル面でのサポートも視野に入れたセンターの開設などの取り組みが進められています。

## ユニバーサルデザイン、そしてインクルーシブ教育の視点から

　サポートセンターの設置は、発達に特性のある生徒の取り出し指導という必要性からのスタートでした。人間関係がうまくいかず、周囲の生徒たちに負担やストレスを与えがちな場合、生徒たちの間だけで育てていくのが難しいケースもあるという判断からです。また、同年齢集団の生徒とのコミュニケーションが難しい生徒も個人、少人数の環境だと落ち着けたことも事実でした。

　確かに、生徒の中には度重なる不適切な対応によって、過剰に攻撃的になっていたり、防衛とみられる言動も多かったりで、大人でも対応に困ったり、忍耐がいる時期もあるものです。積極奇異型の生徒の場合は、周囲の生徒たちのストレスも大きくなりかねないので、早期からの適切な対応に加え、周囲の子どもの気持ちにも配慮する必要があります。

　そこで、まず学年担当者の会議で、当該生徒への対応を共通理解し、具体的な会話、学習の方法を決め、教員や指導員による丁寧な対応を開始します。そしてサポートセンターで、トレーニングを追加し、情緒も落ち着き、一定のスキルを獲得し活用したいという動機づけができた段階で、クラスに戻していく計画を進めてきました。3段階支援を細分化し、場は2つですが、移行期も含め4段階として機能していると捉えられます（図4）。

　この間、サポートセンター内における人間関係の様子を見ていても、

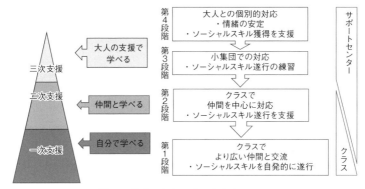

図4　サポートセンターからクラスへ

発達に特性のある生徒同士が落ち着いている場合にはそれぞれ受け入れ合いながら、ある局面ではぶつかり合いながら、少しずつ対人関係の在り方を学んでいく場としても機能しているのです。また、クラスの生徒がサポートルームを訪ね、利用している生徒と関係性をもって、生徒の力によってクラスに戻してくれるケースもよく見られました。

　ただし、学校のスタッフの支援があっても対応しきれないケースについて、それにどう向き合い対処していくのか、困難な事例も起こり得ます。このあたりも、指導員として、また学校としての対応をどう考えていくか、いろいろと考える素材は多いものです。

　ユニバーサルデザインやインクルーシブ教育の視点からは、さまざまな特性をもった生徒、興味関心をもった生徒が教室に存在し、どの生徒に対しても、あるいは発達に特性のある生徒に対して理解できるような、また、興味関心を引くような授業であれば、すべての生徒に対してより可能性の広がる授業となるというイメージがあります。その意味においては、授業におけるさまざまな可能性の追求については、学校として実践がまだまだ十分ではないことも管理職としては強く認識しています。

　私立学校に期待するもの、という冒頭のテーマからいえば、日常の授

業における特別支援教育の具現化こそが、私立学校において期待される
ものとして最重要であり、いちばん難しいものであるとともに挑戦的な
課題であると考えています。

（竹山幸男）

 **本章のポイント！**

①建学の精神を反映させたカウンセリング

②管理職のリーダーシップと相談対応の威力

③教員の意識改革、特別支援教育の研修を通して

④伸び悩んでいる個を伸ばす支援—ソーシャルスキルトレーニング

⑤他職種との連携で向上するチーム学校の質

# 多様性に対応する インクルーシブスポーツ

　スウェーデンリレーをご存じですか？

　学級対抗リレーなどは、体育的行事で盛り上がる競技である一方、学級内の走力の高低で、称えられる子がいれば、ときに足をひっぱる存在としてネガティブな視線を向けられる子も出てくる意味で、慎重な取り組みが求められるものです。

　そのような複雑な思いを抱いていたころ、スウェーデンリレーに出会って衝撃を受けました。チームで走る距離は同じでも、チーム内のメンバー個々が走る距離は長い子も短い子もいいなど、自由度の高い競技です。走るのが得意な子は長い距離を担当し、苦手な子は短くてすむ、得意な子が不得意な子の遅れをカバーしてこそ、チーム力という思想が脈打っていました。

　そのスウェーデンでは、さらに多様な運動能力の子が楽しめる球技も創造されていました。「ブレーンボール」[*1]（火の玉ボールの意）と呼ばれるベースボール型の競技です。どういう球を使っても、どういう打撃用の道具を使ってもよく、それらを考えて集めるところからはじまることもあります。同じ道具を二度使わない、全部の道具を使い切るといったサブルールを用いることもあるようです。

　第5章の球技大会での実践は、参加しにくい生徒に気づき、どう環境（道具やルール）を変えたら参加できるか、楽しめるかを考えた点に意義があります。これらは、当該生徒の参加を保障す

---

＊1　https://www.brannbollsyran.com

るための合理的配慮とも考えられますが、もっと広く、もともと全員が楽しむ行事とはどうあるべきかの視点に立っている点にも注目したいです。

　今、インクルーシブスポーツやユニファイドスポーツなど、障害の有無だけでなく、多様な人の参加を促進するための取り組みが活発化しています。その際、「アダプテッド」という概念が鍵となります。

　スポーツ庁の委託「障害者スポーツ推進プロジェクト」（2019）でも、「参加する個々人の実態（年齢や性別、知的発達段階、身体状況、運動技能、体力レベル等）に合わせて、スポーツ（ルールや技術、用器具、施設など）や体育教材の提供の仕方や指導方法を修正したりすること」と「アダプテッド」を定義し、多様な取り組みを紹介し、課題を提示しています。

　その子の能力や適性に合わせた活動や場を組むことは、教科指導でも体育でもなされてきましたが、本当にそれが最善だったのか、振り返ってみる意味はありそうです。

（髙橋あつ子）

第**7**章

私学どうしの
横のつながりを目指して

# 1 他校の実践から学ぶ機会の保障

　公立学校は、教員研修が充実しています。初任者研修からはじまり経験に応じた力量形成研修に加え、生徒指導や特別支援教育コーディネーターなど、職能別の研修も行われるので、一般教員としても地域のスタンダードが形成されますし、学校内の取り組みを推進するコーディネーターの機能も向上するように教育委員会主導で研修が実施されています。また、巡回相談や専門家チームの活用も国のガイドラインに沿って地域ごとに整備されてきています（図1）。

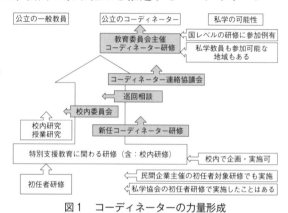

図1　コーディネーターの力量形成

　コーディネーターの力量形成をねらったものとしては、初めてコーディネーターになった人を対象に、教育相談やアセスメント、個別の指導計画作成など、コーディネーションに必要な基礎力をつける新任コーディネーター研修からはじまり、授業カンファランスや合理的配慮など、必要に応じて次なる課題について学べるように設計されている自治体が多いと思います。また、地域のコーディネーターが定期的に集まって情報交換する連絡協議会も重要な力量形成の場となります。どんなに頑張っても自分と自校だけで経験から学ぶことには限りがあります。他校の実践を聞くことで、自校を相対化できますし、経験していなかったタイプのケースを知る機会や、支援方法を拡大する機会になります。さらに小学校教員にとって

は、中学校のコーディネーターから、支援した子が進学後、どのように成長したかや高等学校進学時の合理的配慮の申請なども学ぶことができます。

そして、コーディネーション活動の一部として、校内委員会を運営し、個別の教育支援計画や個別の指導計画を作成するとともに、各担任や学年団が苦慮するケースのその後を検討する大事な役割も担います。これらを動かしながら、校内の教員全般に不足する研修を企画し、教員集団の支援力を強化する作戦も練っていくことになります。

そして、並行して巡回相談や専門家チームを活用し、先が見えにくいケースについて、支援の展望を開いていきます。

特別な教育的ニーズのある子どもも、ひとくくりではなく、多様な状態を示します。同じ診断名がついていても、得意不得意は違いますし、支援ニーズのある領域もさまざまです。だからこそ、一般的な研修だけでなく、授業観察やケース検討で力量は向上するのです。

それだけに、このようなスタンダード形成に遅れをとってしまう私学においてはどのようにしたらいいのでしょうか。

図1の右側に、私学でも実施している研修や参加可能な研修を例示してみました。私学協会などの初任者研修では特別支援教育のコマはあるでしょうか？　初任者が担任をもつ機会は少ないですが、若手教員は教職課程で特別支援教育を学んでいますので、授業を担当しているクラスに支援ニーズのある子がいることに気づいており、悩んでいることを肌で感じます。その悩みの一端に「先輩の先生方は気にしていない、同じ指導でいいと思っている」ことが語られるのを聴くと、胸が痛くなります。

学校独自の研修会は、そもそも私学では現職教育という概念も薄い中、特別支援教育に関する研修をやっているかは、3割台と残念な結果となっています（図2-1、2-2）[1]。

---

[1]　文部科学省「平成30年度　特別支援教育に関する調査結果について」

そうなると、校内で研修はできていないが課題に気づく意識のある先生方はどこで研修を受けられるのでしょう。

教育委員会によっては、私学教員にも門戸を開いているところもあるようです。研修案内が来て、申し込んで参加したという話も耳に入るようになりました。

最近は研修計画もインターネットで公開されることが多いので、教育委員会主催のテー

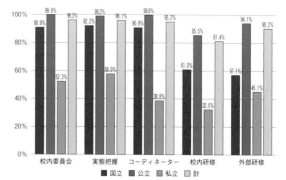

※中学校には義務教育学校後期課程及び中等教育学校前期課程を含める。

図2-1　中学校の体制整備状況

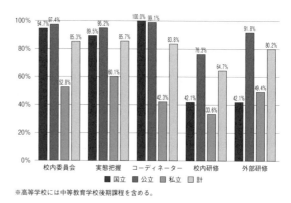

※高等学校には中等教育学校後期課程を含める。

図2-2　高等学校の体制整備状況

マ別研修にも、地域を越えて参加する人も出てきている情勢です。案内が来なくても、参加が可能かどうかを確認して参加を表明する教師が増えていくといいと考えています。

もっとも筆者が何とかしたいと思っていることは、私学には連絡協議会に相当する場がないことです。地域の学校がどんな取り組みをしているかを知る場です。コーディネーターにとって身近な情報が得られ切磋琢磨しあう場になります。横のネットワークが発端になって、小中合同の研修会をやったり、兄弟ケースのケース検討をやったり、小・中学校

ののりしろのある連携（境目がある二者間でそれを越境して重なりのある協力をする）が実現している地域もあります。

　私学では、家庭の地域が広域にわたることから、学校所在地の地域性の意味合いは公立とは異なります。しかし、生徒指導部の連携会議や学校警察連絡会といったものがある地域もあるようです。ぜひ、呼びかけあって、つながれる機会が増えることを期待しています。

## 2　私学のコーディネーター連絡協議会にかかわって

　公立学校を前提にした研修に参加されても、私立学校の先生方は公立学校の当たり前を共有していないので、話が理解しにくいこともありますし、公立学校だとあるリソースがないことに気づき、受けられるサービスが受けられないことに気づく無念さを正直に語ってくださる方もいます。

　また、学校の状況を話す場面などでは、私学の看板を背負っている以上、こういうケースがあるなどと話すのは、守秘義務違反を問われるかもしれないですし、そもそも対応に苦慮しているなどと言おうものなら学校の恥部をさらすようで、明日の受験者数にかかわるかもしれないと、考えてしまうこともあるでしょう。

　そう考えると、私学の先生方こそ、率直に語れる場が必要だと考えました。早稲田大学インクルーシブ教育学会は、当初、文部科学省の「発達障害の可能性のある児童生徒に対する早期支援・教職員の専門性向上と思っていることは、事業（発達障害に関する教職員育成プログラム開発事業）」（平成26〜28年度）から立ち上げた任意団体です。当該報告書によると、延べ674名の私学教員が参加しています（表1※の合計）。公立学校か

らの参加者の1,431名に比べると半分程度ですが、一定の需要があることは明白でした。そこで私学部会をつくり、特別支援教育やインクルーシブ教育にかかわる実践の紹介を続け、スキルアップを目指した事例検討などをはじめました。そして当初より大事にしていたのは、情報交換の場です。今、何に困っているかを率直に語り、それにかかわる方策を話し合ったり、自校や自分の試みを語り合ったり、意味づけてもらうなど、参加者にとって、たいへん有意義な時間となっています。

表1　3年間の講座参加人数と校種別内訳

| | 保育園幼稚園 | 公立小学校 | 私立小学校 | 公立中学校 | 私立中学校 | 私立中高一貫 | 公立高校 | 私立高校 | 特別支援学校 | 学校(校種不明) | 学校以外の教育機関 | 大学(学校を含む) | その他(所属不明も含) | 合計 |
|---|---|---|---|---|---|---|---|---|---|---|---|---|---|---|
| 2014年度 | 40 | 169 | ※4 | 92 | ※8 | ※65 | 55 | ※32 | 64 | 18 | 89 | 79 | 58 | 773 |
| 2015年度 | 20 | 443 | ※7 | 233 | ※14 | ※112 | 201 | ※37 | 184 | 47 | 57 | 73 | 19 | 1447 |
| 2016年度 | 0 | 152 | ※32 | 42 | ※27 | ※224 | 44 | ※112 | 47 | 5 | 16 | 40 | 23 | 764 |

# 3 私学部会の取り組み

　先に述べたように、私学の特別支援教育は各校の自助努力に委ねられているため、他校との横のつながりの機会がなかなかありません。そこで、学会が発足した2018年度の冬に、私学の先生方が気軽に参加できる会を目指して私学部会を発足しました。発足当初の内容は、まずは話題提供と情報交換会の2つで構成しました。表2は、初回から第4回までの日時と内容です。

　話題提供の部では、体制整備が進んでいる学校の先生から、自校の支援体制を紹介していただいています。第1回の参加者アンケートでは、次のコメントが寄せられました（抜粋）。

　「本当によくやれていて、うらやましい限りです。私の学校は、学校

全体の教員（管理職も含めて）の意識をまず少しずつ変えていただく努力を少しずつしている段階なので、将来的には○○先生のようにできたらなと思いました。」

　私学では、体制整備が立ち遅れている学校が多く、だからこそ1から工夫する可能性があるともいえます。話題提供で紹介される具体的な話は、参加される先生方の自校での実践のヒントになっています。

表2　私学部会の発足から第4回までの内容

| 回 | 年月日 | 内容 |
|---|---|---|
| 第1回 | 2018年1月13日（土） | 話題提供と情報交換会「特別支援教育のセンター的な役割を担う―職員室との協働で進める相談室運営の一環として―」（東京都私立共学中高） |
| 第2回 | 2018年6月2日（土） | 話題提供と情報交換会「学習場面で支援を必要とする児童への配慮・指導についてチームで検討する校内支援体制の構築」（東京都私立共学高校） |
| 第3回 | 2018年10月27日（土） | 話題提供と情報交換会「自校の支援体制の報告と特徴」（東京都私立女子中高） |
| 第4回 | 2019年1月26日（土） | 話題提供と情報交換会「自校の状況について」（東京都私立男子中高） |

　話題提供の後に、4名程度のグループで情報交換会を行っています。以下は、第4回の参加者から寄せられたコメントです（抜粋）。

　「今回も他校のお話を聞くことが出来大変勉強になりました。相談室の運営を教科の先生方がされている学校があることを知り大変驚きました。」「私学ならではの難しさが、同じく他校でもあることを共有しました。教員、養護教諭、管理職、カウンセラー、それぞれが力を生かし合っていける体制づくりが必要であると再確認しました。」

　私学には、各校独自の建学の精神があり、また、教員の異動が少ないことから、体制整備の内容もさまざまです。情報交換会は、自校とは全く異なる他校のやり方に驚いたり、私学ならではの難しさを共有したりする、さまざまな気づきの場になっています。

私学部会の発足から1年余りが経った2019年7月からは、これまでの活動に加えて、事例検討の試みもはじめました。表3は、第5回から第8回までの日時と内容です。

　事例検討では、事例を提供してくださる先生が、匿名性に留意したうえで、簡単に事例紹介を紹介し、その後、5名前後の小グループで見立てと支援を検討し、最後に全体共有する流れで行いました。

表3　私学部会の第5回から第8回までの内容

| 回 | 年月日 | 内容 |
|---|---|---|
| 第5回 | 2019年6月29日（土） | 話題提供と情報交換会「本校における相談室のあゆみと事例報告」（東京都私立男子中高） |
| 第6回 | 2019年7月21日（日） | 研究会「事例検討」（事例提供：東京都私立女子高校） |
| 第7回 | 2019年11月30日（土） | 話題提供と情報交換会「自校の支援体制の報告と特徴」（愛知県私立共学中学）研究会「事例検討」（事例提供：東京都私立女子中高） |
| 第8回 | 2020年1月25日（土） | 話題提供と情報交換会「自校の支援体制の報告と特徴」（東京都私立共学高校）研究会「事例検討」（事例提供：東京都私立女子中高） |

　見立てと支援の検討では、「演習シート」（図3）を用いました。学習面・行動面・対人関係面のそれぞれについての困り度（要支援の状態）を把握し、その子の強みを活かして

| | 要支援の状態 | その子の強み | 支援 |
|---|---|---|---|
| 学習面 | | | |
| 行動面 | | | |
| 対人関係 | | | |
| その他 | | | |

図3　演習シート

どのように支援したらよいかを話し合い、また、その他の欄では、支援に加えて合理的配慮が必要かどうかも検討しました。

　以下は、第8回の参加者から寄せられたコメントです（抜粋）。

「どのような見方や考え方をしていけばよいのか、普段自分がやっている以外のことをいろいろとうかがえたので、大変勉強になりました。」「本日は様々な意見をいただき本当に感謝しています。細かな見立てを含め、学校に帰って改めてAさんと話し、観察していきたいと思いました。」

　事例検討では、学校の枠を超えて、教員、養護教諭、スクールカウンセラーなどのさまざまな立場から、具体的な事例についての検討を行っています。普段の実践を見直して、自校での実践に活かす元気をもらい合う場になればと願っております。

　コロナ禍で2020年3月に全国一斉休校になってからは、子どもが長期間家庭で過ごすことになり、私学ではいち早くオンライン授業を実施するなど、各校で創意工夫をしながら手探りの毎日が続きました。Zoomや Google Meet を用いたオンライン授業の経験を活かして、私学部会もオンライン形式での実施を模索しました。表4は、第9回から第12回までの日時と内容です。

表4　私学部会の第9回から第12回までの内容

| 回 | 年月日 | 内容 |
|---|---|---|
| 第9回 | 2021年5月9日（土） | 情報交換会「全国一斉休校と自校の近況」<br>オンライン形式（Zoom） |
| 第10回 | 2021年5月16日（土） | 情報交換会「全国一斉休校と自校の実践」<br>オンライン形式（Zoom） |
| 第11回 | 2021年6月12日（土） | 話題提供と情報交換会「コロナ禍における子どもの心の不安」<br>（東京都私立男子中高）<br>オンライン形式（Zoom） |
| 第12回 | 2021年12月25日（土） | 研究会「事例検討」（体制整備） |

　まずは、オンライン形式の試行も兼ねて、休校が続いている2021年5月に、情報交換会を行いました（第9回・第10回）。オンライン授業など、

私学の学びを止めない取り組みを情報交換するとともに、休校が続くことによる子どもの心のケアも大事であることが共有されました。そして、少しずつ学校が再会されるようになった6月に、コロナ禍における子どもの心の不安をテーマとした会を行いました。相談室・保健室・図書室の3室の連携による子どもの心の不安へのサポートの取り組みを紹介していただき、その後、少人数で、学校再開をめぐるさまざまな情報交換を行いました。

　休校中の学校現場もさまざまな苦労がありましたが、学校が再会した後の新型コロナウイルス感染拡大防止対策を講じながらの学校生活は、それ以上の苦労と模索がありました。感染拡大状況をみながらオンライン授業に移行したり、かなりの制限がある中で学校行事を行ったりと、通常の学校生活とはほど遠い毎日が続きました。私学部会も、オンライン形式では難しい事例検討を対面形式で再開（第12回）するなど、試行錯誤しながら、形式やテーマを模索して、現在に至っております。

# 4　LD 学会の自主シンポジウムの取り組み

　私学部会の情報交換会では、毎回のように、私学では学校によってさまざまな違いがあることが話題になります。私学の特別支援教育の立ち遅れといっても、その立ち遅れは学校によってさまざまに異なっています。立ち遅れの解消のためには、各校の状況に応じた工夫が必要で、そのヒントを得るためにも、私学の特別支援教育に特化した具体的な実践事例の蓄積が大切になります。そこで、日本 LD 学会全国大会で、私学の特別支援教育に取り組んでいる学校現場の実践者が話題提供者になって「私学の特別支援教育」をテーマとした自主シンポジウムを継続して

表５　ＬＤ学会自主シンポジウムの概要

| 回 | 年月日<br>大会 | テーマ | 話題提供<br>司会・指定討論・企画 |
|---|---|---|---|
| 1 | 2016年11月19日（土）<br>第25回大会（東京大会） | 体制作りの実践事例からみる<br>課題と可能性 | 一ノ瀬秀司、遠藤裕子、佐久間道則<br>髙橋あつ子、田部絢子、一ノ瀬秀司 |
| 2 | 2017年10月９日（月）<br>第26回大会（宇都宮大会） | 私立進学校における学業達成<br>へ向けての支援の３段階 | 一ノ瀬秀司、佐久間道則、草間浩一<br>髙橋あつ子、本田恵子、一ノ瀬秀司 |
| 3 | 2018年11月23日（金）<br>第27回大会（新潟大会） | 私立進学校における合理的配<br>慮 | 一ノ瀬秀司、原真也、草間浩一<br>髙橋あつ子、竹山幸男、一ノ瀬秀司 |
| 4 | 2019年11月10日（日）<br>第28回大会（東京大会） | 個のニーズを包括した集団<br>ガイダンスプログラムの実践 | 安積源也、中根由香子<br>髙橋あつ子、西山久子、一ノ瀬秀司 |

企画開催しています（表５）。

　シリーズ企画の第１回は、体制整備をテーマとして、2016年11月に開催されました（第25回大会）。３人の話題提供者からは、管理職によるトップダウンではなく、教員が体制づくりを推進している事

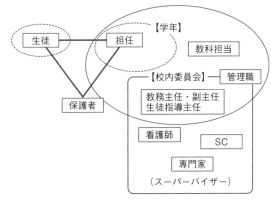

図４　Ｃ中高の体制図

例が紹介されました。図４は、校内委員会を新たに立ち上げたＣ中高の体制図です。

　Ｃ中高は、長年学年主体の学校運営スタイルでしたが、相談室、保健室、教員が連携する校内委員会を新たに立ち上げ、学年と連携しながら運営しています。３人の話題提供者からは、それぞれ大きく異なる体制整備の推進が紹介され、田部絢子先生（現金沢大学准教授）の指定討論を受け、私学の特別支援教育の体制整備の課題と可能性を展望しました。

　第２回は、中高一貫体制の進学校における学習面をテーマとして、2017年10月に開催されました（第26回大会）。教科の異なる３人の話題提

供者からは、授業実践の事例が紹介されました。図5は、C中高の校内委員会の活動内容です。C中高では教員がコーディネーターを務めているため、チーム支援の1つとして放課後の学習面談を行っ

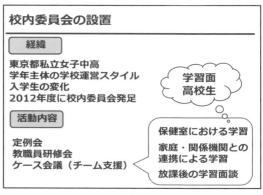

図5　C中高の校内委員会の活動内容

ています。そして、そこでの経験を活かして、1人ひとりの学習スタイルの違いに対応できるように授業方法を改善するようになりました。3人からの話題提供の後、本田恵子先生（現早稲田大学教授）の指定討論により、私学における特別支援教育の学習面の課題と可能性を深めることができました。

　第3回は、私立進学校における合理的配慮をテーマとして、2018年11月に開催されました（第27回大会）。3人の話題提供者からは、自校の入学選考、学習指導と評価、大学入試のそれぞれにおける合理的配慮の実践事例が紹介されました。図6は、C中高の実践事例の概括です。中高一貫体制のよさを活かして、対人関係面、学習面の支援と合理的配慮が切れ目な

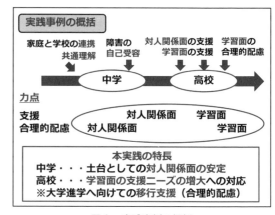

図6　実践事例の概括

く継続され、高等学校では大学進学へ向けての合理的配慮の提供へとつながりました。3 人からの話題提供の後、竹山幸男先生からの指摘も受け、私学における合理的配慮の提供の実際について、意見交換が行われました。

　第 4 回は、個のニーズを包括した集団ガイダンスプログラムの実践をテーマとして、2019年11月に開催されました（第28回大会）。2 人の話題提供者からは、高校 1 年生と 2 年生の必修科目として週 2 時間ずつ実施している、教科の枠を超えて総合的に人間について学ぶ独自科目の取り組み、中学の道徳やホームルームにおいてスクールカウンセラーが積極的に関与して行っている心理教育プログラムの取り組みがそれぞれ紹介された。これらの取り組みは、集団に対するプログラムとして行いながら、特別支援教育の視点を入れて個のニーズに応じて弾力的に運用されています。西山久子先生（現福岡教育大学教授）の指定討論を受け、中高一貫体制の私学では 6 年間継続して支援できる、カリキュラムを柔軟に編成できるなどの私学の強みを確認したうえで、個のニーズを包括して一次的支援と三次的支援を同時に行うことの意義が議論されました。

## 5　さらに私学のネットワークを強めるために

　本章では、立ち遅れが目立つ私学の特別支援教育を解消するための、学校の枠を超えたいくつかの取り組みを紹介しました。公立学校では当たり前に行われている、特別支援教育のスタンダード形成のための研修の機会が、私学では各校の自助努力に委ねられてしまっています。また、私学には連絡協議会に相当する場がないため、学校の枠を超えたネットワークの機会が非常に限られてしまっています。本章で紹介した、早稲

田大学インクルーシブ
教育学会私学部会、
LD学会自主シンポジ
ウムのシリーズ開催は、
いずれも学校の枠を超
えて私学のネットワー
クを強める一助として
取り組んでおります。

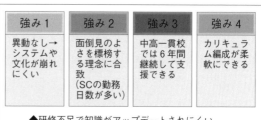

図7　私立学校の強みと課題

　一方で、私学の特別支援教育には、多くの強みもあります。図7は、
2019年11月に開催されたLD学会第28回大会における、趣旨説明（司会：
髙橋あつ子）の説明スライドです。研修の機会の少なさ、支援組織の未
整備、公平性との兼ね合い、組織文化を変えることに対する抵抗感など、
立ち遅れの要因は複合的で、志のある先生の個人技だけでは前進させる
のが難しいのが実情です。だからこそ、私学のネットワークを強めて、
私学の特性に応じた実践事例を蓄積していくことが大切になります。お
互いの実践のいいところを参考にして自校にあった実践を工夫していけ
ば、教員の異動がない、面倒見のよさ、中高6年間の切れ目のない支援、
カリキュラムの弾力的な編成など、私学の強みを活かした、私学ならで
はの特別支援教育を推進していける可能性が広がるのではないでしょう
か。

　そして、自助努力に委ねられているからこそ、私学が一足飛びに先進
性のある取り組みを進める可能性も秘めています。たとえば、私学では
ICTの活用に積極的な学校が多く、コロナ禍で全国一斉休校になった
際に、オンライン授業の実施などの学びを止めない取り組みが、多くの
私学で積極的に進められました。学校が再開されてWithコロナの学校
生活に移行した後も、私学では従前の学びに戻るのではなく、ICTを

活用した個別最適な学びを模索したさまざまな工夫が進められています。個別最適な学びの推進は、第 4 回の自主シンポジウムでテーマとした、個のニーズを包括して一次的支援と三次的支援を同時に行う取り組みと解することもできます。

　私学のネットワークにおいても、コロナ禍を経て、より充実していくことを目指せるかもしれません。たとえば、関東圏で行っている私学部会を、オンラインでつながって地域を超えて実施したり、私学における実践事例のノウハウを、匿名性に注意したうえで学校の枠を超えて蓄積したりといった、私学どうしの横のつながりを大事にした、新たな充実を目指していければと思います。そして、私学の特別支援教育が、立ち遅れの解消にとどまらず、むしろ、一足飛びに先進性が特長になる日が来ることを願って本章のしめくくりに変えさせていただきます。

（髙橋あつ子・一ノ瀬秀司）

**本章のポイント！**

①私学に特化した研修の必要性

②安全枠の中での自由な情報交換

③他校の知見を知る機会をもち、自校を相対化する

④自校に合った校内体制の整備

終 章

# 私学における特別支援教育の
# 新たな展望

# 1 学校に合わせる文化から、多様な生徒に合わせて進化する学校へ

　さて、特別支援教育に対するイメージは変わったでしょうか。

　基準となる枠組みに順応しない子どもに対して、公立学校では言えなかった「ほかの学校を考えましょう」という最後通牒を使えてきた私学にとって、多様な子どもに対応する力をつけ、真の意味で「丁寧な指導」ができるかが問われています。

　特別支援教育というと、「困った子ども」や「手のかかる子ども」、「学業達成に課題がある子ども」に手を差し伸べる領域と思われるかもしれません。それだけ労力はかかり、平均的な子どもを伸ばす指導と矛盾するので、課題のある子に合わせ、課題のない子は待っているだけで伸び悩んでしまうという誤解は薄らいだでしょうか。

　もちろん、最初は、これまでの方法では指導が届かない子にどうしたらいいか、迷い、考える労力はかかります。しかし、それは、全員に対し、求められている個別最適な学びにつながる一歩なのです。

　当然、最初から例外的な子を除外して、個別最適化を目指す取り組みもあるでしょう。多様な方法で学べる器用な子が、自己調整し、実現する最適化への道のりは平坦かもしれません。しかし、この学び方でこそ学べる、この方法でしか学べないという限られた最適化を求める子を支援することによって、教師は、真の意味での個別最適化と、個々の子どもの自己調整の意味を実感できるのだといえます（図1）。

　それを押し進めることによって、多様性が行き交い、相互作用する教室が実現し、共生社会の実現に近づくのです。

　これらの実践は、公立学校では着々と広がっていますが、私立学校では、取り組み始めると成果も大きく、維持されます。

第3章では、進学校において、ミラーモデルで上位層を伸ばす実践を紹介していますが、教師がニーズに応じた支援ができるようになると、すべての子ども

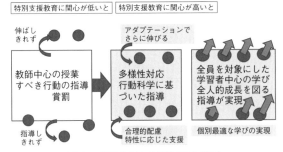

図1　特別支援と個別最適な学び

に自分の学びの特性に合わせて方略を選ぶ力を育てていくことができるようになり、個別最適な学びも、上位層の伸長も実現していくのです。

前著（『私学流　特別支援教育』）で博士タイプの事例について指導を紹介している英語の先生も、通常の授業（一次支援）の中で、選択できる場面を多く設定し、個別最適化をはかっています（図2）。

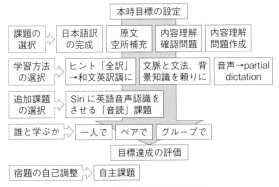

図2　共通の枠と選択場面

進学校の授業の中には、緻密に計算され、どの生徒も求められた活動をしていくことによって、確かな学力を伸ばすであろう場面を見ることができます。しかし、ともすると生徒に負担がかかり不登校を生み出しかねない緊迫さもあり、一斉指導で伸ばす枠組みと、個別最適化の取り組みは異なるのではないかと思っています。教師の力で引き上げるのではなく、自らの目標に向かって自己調整しながら学ぶことは、不安や負担を最小限にするだけでなく、学びの成果を上げ、生涯にわたって学ぶ姿勢を育てていくものといえます。

## マネジメントの側面から

　さて、教師の力量だけでなく、学校の組織力、あるいはシステムの関与も大きいことも見てきました。

　教師個人の力と学年に委ねていた校内システムから、学年を越えて連携しながら授業力を高め、生徒指導力を高める取り組みを開始しないと、多様化する生徒に対応しきれないことは多くの教師が感じているはずです。学年では対応しきれないという切実な声が、学年が困ったときに対応できる分掌を求める声となり、校内委員会設置につながりました（第3章）。スクールカウンセラーなどの専門家への丸投げでもなく、コーディネーター任せでもなく、校内委員会でケース検討のやり方を学び、学年会で実態把握をし、支援方針を協議するようになった学校もあります。先に悩み、新たな試みをはじめた学校の歩んだ道のりは、次に続く学校のマネジメントの参考になります。

　これまで見てきたように、三次支援から手探りではじめ、研修を積むことで、二次支援、一次支援と実践が予防的になっていった学校は多いです。それが教科指導に焦点を当てるのか、生徒指導に焦点を当てるのか、それは学校によって異なるはずです。校内委員会に近い機能を果たしている組織や分掌があれば、そこの活動や目的を見直すところからはじめてもいいでしょう。図3は、教科か生徒指導かと校内システムかの3つに分けて、マネジメントの戦略を練るためにつくり

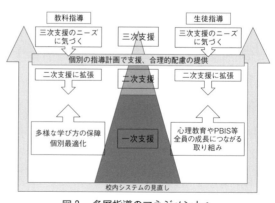

図3　多層指導のマネジメントへ

ました。どこが手薄なのか、どこは機能しているのかを見定め、どこから手を打てばいいのかを考えてほしいと思います。さらに活動している学校においては、どの程度、潜在的なニーズに気づき、予防的に対応できているか、ぜひ、表1で点検してほしいと思います。

表1　校内体制のモニタリング

□校内委員会を定期に開いている（週1、隔週、月1、学期1、他　　）
□保護者に支援体制を広報している
□支援を要する子どもの把握をしている　　　　　　　　　　（　　％）
□支援を要する子どもの実態把握をしている　　　　　　　　（　　％）
□支援を要する子どもの支援を協議をしている
□3段階の支援について工夫する意識がある
□教職員に合理的配慮についての理解は浸透している
□支援を要する子どもの個別の指導計画を作成している　　　（　　％）
□支援を要する子の個別の教育支援計画を作成している　　　（　　％）
□必要なケースに関し外部連携できるシステムがある
□支援ケースの移行支援をしている入学前（　人）卒業（　人）
□支援を要する子どもの指導を評価している
□校内の支援体制そのものを評価している

## 校内研修の企画と実施

　筆者は、地域の全公立学校を対象に特別支援教育の体制づくりをしていたころ、学校から要請があれば、できるだけ校内研修をするために学校に出向いたものです。その際、何をしたいですか？　と管理職やコーディネーターに伺っても、「何でもいいからやってください」という学校も少なくありませんでした。そこで、メニューを提示し、選んでいただくようにしました（表2）。「何にも知らないので研修するだけで意味がある」と謙虚に考えることも悪くないですが、「何度、同じことを学んでもそれだけ定着するからそれでいい」というのは、ちょっと残念な話です。授業も同様ですが、今の実態がわかり、何を学びたいのか、何に役立て

表2　校内研修で取り組むテーマ

| 教科指導 | 段階 | 生徒指導 |
|---|---|---|
| 個別の指導計画作成・合理的配慮・ケース検討 | | |
| より詳細な実態把握<br>個に応じた指導等 | 三次 | 個別のソーシャルスキルトレーニング<br>保護者との教育相談 |
| 多様性に応じた指導<br>（複数の学習方略の提供） | 二次 | 気になる子との効果的な対話・ピアサポート等 |
| ユニバーサルデザインの授業<br>ルーブリックによる評価<br>自己調整学習<br>協同学習・探究学習 | 一次 | PBIS<br>ガイダンスプログラム<br>（ストレスマネジメント<br>・アサーショントレーニング等） |
| 基礎：発達障害の理解と支援 | | |

るために学びたいのかが明確なほど、動機づけは高まります。何が与えられるかわからず、黙って聞く学びは過去のものです。選択できるコーディネーターは、自校の実態を把握できていることになり、次第に「キレやすい子への対応」や「思いやりの育成」など選択肢にないけれどその学校にとって切実なテーマを要望してくれるようになっていきました。

　今、ようやく特別支援教育の研修ニーズが芽生えはじめた私学においては、そこを歩み出しているように感じます。背伸びすることなく、自校の教育力の現在と、先生方の学びのニーズを見定めて研修計画を立てられる学校、コーディネーターが増えることを願ってやみません。

## 標準装備としての特別支援教育

　長い間私学において「特別支援教育に取り組んでいること」がウリにできるかを考えてきました。かつて「特別支援教育はやっていない」という管理職の言葉は、「特別支援学級はない」という意味でした。しかし、通常の学級に、特別な教育的ニーズのある児童生徒がいるのが当たり前だと認知され、場による教育ではないことも知られてきた現在、特別支援教育は取り組んで当たり前という意識が少しずつですが、一般的になりかけているように思います。

《参考文献》
髙橋あつ子「多様な学びを保障する協同学習を目指して」日本協同教育学会『協同教育』第17号、2022年、91〜110頁

　私学においても、特別支援教育をやっているといえる学校が珍しかった時期には、そのような学校に多くの支援を期待する子どもが集まることが危惧されたため、あえて標榜しなかった学校もありました。しかし、生徒指導がすべての子への指導という意味であるのと同様に、特別支援教育をしない学校はありえないという状況になれば、まさに特別支援教育は標準装備となるわけです。学校を選ぶ際に、「すべての子どものよさを活かし、伸ばす」「多様な個性を活かし、響き合うクラスで」等、掲げられる教育理念の実質を問う保護者は増えていくであろうと思います。多様な学び方、生き方を尊重し、成長できる学校づくりのためにも、特別支援教育の知見を生かしていってほしいと思います。

## 2　私学の特別支援教育への期待

　本書で見てきたように、私学の特別支援教育は、後発ですし、平均的に取り組みが高まっていくことは期待できません。しかし、取り組もうとしはじめた私学においては、公立がたどってきた数年間を短期間にたどり、しかも、異動がないために安定的に質を高めていける強みがあります。

　上位層への対応に活かし、個別最適な学びを実現する取り組みは、期間の短さだけでなく、達成水準の高さも公立の比ではありません。取り組んだ学校が、それぞれに特別支援教育の取り組みとして公表しないまでも、「面倒見のよさ」「丁寧な指導」の実質が醸成されていることを発信し、切り捨てず育てている教育の質を自負していってほしいと思うのです。それら学びの多様性に対応できる教育が、その学校のスタンダードとなり、やがては私学のスタンダードが高次化していくことにつながると期待したいと思います。

（髙橋あつ子）

草間浩一「UDLの考え方を取り入れた授業の振り返り活動」『英語教育』2020年2月号、大修館書店、20〜21頁

## おわりに

いかがでしたか。

「ふつうは、これができて当たり前」「みんなと同じようにしてもらわないと」「前例がないことはできない」というフレーズをどれくらい聞いたでしょうか。

本書の5校に共通するのは、平均的な生徒たちが当たり前に示した行動が「ふつう」だとする考え方や、過去の学校の取り組みにないものはできないという学校側の論理ではなく、目の前の伸び悩んでいる生徒、苦戦している生徒に対し、何かできるはずだと信じ、情報を集め、新たな一歩を踏み出す勇気と戦略をもっていた教員、教員組織だった点にあります。

当初、私学においては「特別支援教育に取り組んでいることがウリにはならない」と考えていました。公立学校では、特別支援教育は、標準装備になりました。あえて広報しなくても、当たり前にコーディネーターがいて校内委員会が設置され、個別の指導計画が作成され、必要に応じて通級による指導も受けられます。

対照的に、私学では特別支援教育に取り組んでいる学校においても、取り組みを広報していない現実があります。それは、自分は関係ないと思う保護者から敬遠されたり、支援を求める入学希望者が増えたりすることを嫌ってのことです。

しかし、本書では、特別支援教育への取り組みをウリにしている私学の例を紹介できました。私学も公立がたどってきたプロセスの途上にあることがわかります。

進学校における個別最適化には、学力が高い子への指導も見当せねばなりません。特進クラスをつくり、切磋琢磨するだけではない戦略が

2E 概念やミラーモデルを知ることで展開可能になるでしょう。

　今、求められる教師力とは、多様な個々の子どもを優れたティーチング力で引っ張り上げるのではなく、個々の学び方の多様性に気づき、自己調整しながら学ぶ個々の子どもの伸びしろに感動するところからはじまると捉えています。

　そして、学校力は、教員組織が有する授業力や授業改善システムであり、生徒指導における迅速性や柔軟性、チーム力などで形成されるものだと思います。

　そのどちらもが、平均的な生徒集団を見ての指導以上に、過去を顧みながら体質改善していくシステムを有してこそ、時代に合った教員組織ができ、システム構築ができるのだと思います。

　そして、それらは特別支援教育に取り組むことを通して、整備され得るものと考えますし、本書の5校が証明してくれていると思います。

　私立学校には、学校間で相互に学び合うネットワークを築きにくい状況もあるでしょうが、本書の取り組みが少しでも現状打開のヒントになればうれしいです。そして近い将来、私学においても特別支援教育が標準装備になることを願ってやみません。


2022年11月　髙橋あつ子

■編著者紹介

**髙橋あつ子**（たかはし・あつこ）
早稲田大学教育・総合科学学術院大学院教育学研究科教授。川崎市立小学校教諭として、重度重複障害児学級、障害児学級、通常の学級の担任を経験。その後、川崎市総合教育センター指導主事として教育相談、特別支援教育システムの体制整備に携わる。川崎市立小学校教頭、早稲田大学大学院教職研究科准教授を経て現職。著書に『私学流 特別支援教育　面倒見の良さ、丁寧さに特別支援の魂を』（学事出版）『学校で使えるアセスメント入門　スクールカウンセリング・特別支援に活かす臨床・支援のヒント』（遠見書房）ほか多数。

**一ノ瀬秀司**（いちのせ・しゅうじ）
大妻中学高等学校教諭。著書に『私学流 特別支援教育　面倒見の良さ、丁寧さに特別支援の魂を』（学事出版）がある。

■著者紹介

**鈴木水季**（郁文館夢学園スクールカウンセラー）
**小玉有子**（弘前医療福祉大学教授）
**会田羽衣**（東京都私立高等学校教諭）
**竹山幸男**（同志社中学校・高等学校副校長）

# 私学流 多様性をインクルージョンする
## 〜「個別最適な学び」につながる取り組み〜

2022年12月15日　初版第1刷発行

編著者——髙橋あつ子・一ノ瀬秀司

発行者——安部英行

発行所——学事出版株式会社

　　　　〒101-0051　東京都千代田区神田神保町1-2-5
　　　　電話 03-3518-9655
　　　　https://www.gakuji.co.jp

編集担当　加藤　愛
装丁　細川理恵　イラスト　松永えりか（フェニックス）
印刷製本　精文堂印刷株式会社

ISBN978-4-7619-2889-6　C3037